| 네 꿈을 펼쳐라 03 |
방송국에서 일하고 싶은
아이에게 주는 책

초판 1쇄 발행 2013년 7월 25일 | **초판 2쇄 발행** 2015년 1월 10일
글쓴이 정윤경 | **그린이** 박경민
펴낸이 홍석 | **기획위원** 채희석 | **편집부장** 이정은 | **편집** 차정민, 김나영
표지 디자인 신영미 | **본문 디자인** 서영미 | **마케팅** 홍성우, 김정혜, 김화영
펴낸곳 도서출판 풀빛 | **등록** 1979년 3월 6일 제 8-24호
주소 서울특별시 서대문구 북아현로 11가길 12 3층 (북아현동, 한일빌딩)
전화 02-363-5995 (영업) 02-362-8900 (편집) | **팩스** 02-393-3858
전자우편 kids@pulbit.co.kr | **홈페이지** www.pulbit.co.kr

ISBN 978-89-7474-185-3 73320

ⓒ 정윤경, 2013

이 도서의 국립중앙도서관 출판시도서목록(CIP)은 서지정보유통지원시스템 홈페이지(http://seoji.nl.go.kr)와
국가자료공동목록시스템(http://www.nl.go.kr/kolisnet)에서 이용하실 수 있습니다.(CIP제어번호:CIP2013009504)

*책값은 뒤표지에 표시되어 있습니다.

 목차

프롤로그
꿈을 꾸게 하는 바보상자   008

 1장

텔레비전에 내가 나왔으면

눈에서 레이저 나올 때까지 TV 보기   014
방송은 언제 처음 시작됐을까?   017
머리카락 보일라~ 카메라 뒤에 숨은 사람들   019

 2장

빛나는 카리스마, PD가 되고 싶니?

감독님 감독님, 반장님 반장님   026
PD는 반장만큼 대단한 능력자   029
시청률에 따라 울고 웃는 그 이름 예능 PD   032
오징어, 돈가스, 뼈다귀……지칠 때까지 뛰어놀기   035
TV로 예술을 만드는 드라마 PD   038
방송국은 넓고 PD는 많다   041
귀 크고 가슴 넓고 유행에 민감한 엉뚱이   044

3장
방송국의 척척박사, 방송 작가가 되고 싶니?

나는야 깜빡깜빡 메모왕 **052**

무엇이든 물어만 보시라구요 **055**

비단결 목소리를 가진 무쇠 팔다리 방송 작가 **059**

드라마 작가가 되는 비밀 열쇠 **062**

연예인과 친해지는 비법 **066**

4장
지성에 예능감은 기본, 아나운서가 되고 싶니?

연필 물고 가가거겨, 아야어여 **074**

아나운서도 연예인? **077**

아나운서? 예뻐야 하지 **080**

생생한 소식통 방송 기자 따라잡기 **084**

슈퍼맨보다 더 용감한 그 이름, 기자 **087**

5장

스튜디오의 거대한 눈, 카메라감독이 되고 싶니?

무거운 돌을 지고 100미터를 10초에 돌파하라!	**094**
카메라 감독은 방송국의 화가	**097**
뉴스를 영화처럼 촬영하기	**100**
소리를 쥐락펴락 음향 감독의 세계	**103**
빛으로 메이크업을 하는 빛의 마술사 조명 감독	**106**

6장

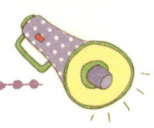

낮에도 빛나는 별, 연예인이 되고 싶니?

공부는 못해도 예쁘니까 연예인이나 하라고?	**112**
나도 한류 스타 아이돌 가수가 되고 싶어	**115**
영화배우는 내 운명	**118**
연예인은 정말 돈을 많이 벌까?	**122**

7장

카메라 뒤, 요것이 궁금해요!

아나운서는 원고를 어떻게 다 외울까?　**129**
연예인은 옷값이 정말 많이 들까?　**132**
방송 사이에 광고는 왜 나올까?　**133**
드라마에 나오는 음식, 먹어도 될까?　**134**

8장

우리 집 TV 안에 있는 놀라운 세상

프로그램은 어떻게 만들어질까?　**140**
프로그램이 우리 집 TV로 오기까지　**143**
음식도 꺼내 먹고 아이돌과 악수도 하는 미래의 TV　**145**
방송인의 꿈, 어렵지 않아　**148**
TV, 이젠 당당하게 보자　**150**
효자가 방송도 잘 만든다　**152**

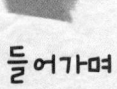
들어가며

꿈을 꾸게 하는 바보상자

안녕? 너의 별명은 뭐니? 누구나 친구들이 지어 준 재미있는 별명 하나쯤은 갖고 있잖아.

딱히 재미있는 별명은 없다고? 그럼 혹시 '바보상자'라는 별명 들어 봤니?

바보상자는 바로 TV에게 붙여진 별로 예쁘지 않은 별명이었어. TV를 처음 본 사람들이 TV가 보여 주는 신기한 세상에 빠져서 아무것도 안하고 점점 바보처럼 변해 간다고 해서 '바보상자'라는 별명이 붙었대.

집에서도 부모님이 툭하면 "TV 많이 보면 바보 된다!"라고 하신다고?

하하, 맞아. 어른들이 자주 하시는 말이지. TV를 많이 봐서 실제로 바보가 된 사람에 대한 소문이나 뉴스는 들어 본 적도 없는데 말이야.

이렇게 TV는 전혀 교육적이지 않고 고급스럽지도 않은, 뒤떨어진 문화라고 푸대접을 받아 왔어.

하지만 사람들에게 질 낮은 문화 취급을 받던 바보상자는, 알고 보면 많은 사람들을 꿈꾸게 만드는 꿈의 상자란다.

TV를 보고 가수가 되고 싶어 하던 아이가 10년 뒤에 가수의 꿈을 이루고, PD라는 직업을 처음 알게 된 아이가 20년 뒤 좋아하는 방송 프로그램의 PD가 되어 있는 놀라운 일도 일어나거든.

지금 이 책을 펼친 친구들도 어떤 분야든 방송국에서 일하고 싶다는 꿈을 가진 친구일 거야.

너도 이 바보상자를 통해 미래의 꿈을 꾸고 있지?

그럼 미래에 꿈을 이룬 너의 자랑스러운 모습을 상상하면서 나와 함께 꿈의 상자로 가 볼까?

바보상자 속 세상은 너희가 상상하는 것보다 더 재미있어. 신기한 직업들로 가득 차 있고 말이야. 이 책이 너의 꿈의 지도가 담긴 보물 상자가 되길 바라.

자, 그럼 우리 함께 상자 뚜껑을 열어 보자.

2013년 7월
정윤경

텔레비전에 내가 나왔으면

방송국이 궁금한 친구들에게

너희가 잘 아는 노래가 있지? "텔레비전에 내가 나왔으면 정말 좋겠네~정말 좋겠네." 어떤 장난꾸러기들은 이렇게 바꿔 부르더라. "텔레비전에 네가 나왔으면 꺼 버리겠네~꺼 버리겠네."

내가 어릴 때도 이 노래를 불렀고 요즘 어린이들도 이 노래를 자주 부르는 걸 보면 그때나 지금이나 텔레비전이 꿈과 동경의 대상이라는 것은 변하지 않았다는 이야기일 거야.

그렇다면 텔레비전에 어떤 모습으로 나오면 좋을까?

요즘은 시청자들이 TV 프로그램에 많이 참여하는 시대가 되었어. 노래 자랑 프로그램에 나오기도 하고 오디션 프로그램에 출연해서 스타가 되기도 하고 라면을 잘 끓이거나 호떡을 잘 구워도 달인으로 TV에 소개되기도 하잖아? 참, 엄마 말을 너무 안 들어도 우리 아이가 달라졌다면서 TV에 나오기도 하지. 너희 설마 그렇게 방송에 출연하는 걸 원하는 건 아니겠지.

우리가 보는 TV에는 가수나 탤런트 같은 사람들이 주로 보이지만, 실제로는 PD나 작가, 카메라 감독처럼 카메라 뒤에서 일하는 사람들이 몇 배는 더 많아.

텔레비전에 내가 나와서 많은 사람들에게 내 멋진 모습을 보여 주는 것도 좋지만 내가 땀을 흘려 만든 프로그램이 전국에 방송된다면? 많은 사람들이 내가 만든 프로그램을 보면서 즐거워하고, 프로그램이 끝날 때 흐르는 자막에 내 이름이 나온다면 그 또한 멋지고 보람된 일이 아닐까?

연예인과 친하게 지낼 수 있을 것 같아서, 재미있을 것 같아서, 폼 나서 기타 등등……. 그 어떤 이유로든 너희가 방송국에서 일하고 싶다면 지금부터의 이야기가 흥미진진할 거야.

방송국에도 사자, 원숭이, 코끼리, 하이에나, 표범이 사는 정글처럼 재미있고 신나는 모험거리가 많거든.

자, 친구들! 웰컴 투 더 정글~!!! 우리 방송국이라는 정글 속으로 빠져 볼까~?

 눈에서 레이저 나올 때까지 TV 보기

너희 엄마는 어떠시니?

우리 엄마는 내가 TV 보는 걸 별로 좋아하지 않으셨어. TV에서 재미있는 방송이 시작할 때면 늘 공부하라고 내 방으로 쫓아내셨지. 그러면 나는 몰래 방문을 열고 문틈으로 거실의 TV를 훔쳐봤단다.

문틈으로 멋진 가수가 나오는 음악 프로그램도 보고 두근두근 설레는 드라마도 보고 개그맨들의 배꼽 빠지는 개그도 보고 말이야. 정말 웃기는 개그를 보다가 "풋~!" 하고 웃음이라도 터지는 날에는 엄마한테 들켜서 혼쭐이 나기 일쑤였지.

그땐 TV가 너무 보고 싶어서 눈 뜨고 일어나서 눈 감고 자는 밤까지 하루 종일 TV만 보는 것이 소원이기도 했어.

하지만 공부하라는 엄마의 잔소리가 사라지고 어른이 되고 나서는 그 재미있던 TV가 스티커를 다 붙여 버린 스티커 북처럼 시큰둥해지고 말았어. 정말 눈에서 레이저가 나올 때까지 TV 앞에서 먹고 마시면서 하루를 보낸 적도 있었지만 이상하게도 어릴 적 문틈을 통해 훔쳐보던 그 TV만큼 재밌지가 않더라고.

믿기지 않는다고? 이 거짓말 같은 이야기가 그리 멀지 않은 훗날 너희에게도 일어날 게 분명하니까 기억해 둬도 좋아.

나도 TV를 너무 좋아하던 아이라서 수학 공식이나 영어 단어보다 탤런트 이름이나 드라마 제목을 더 잘 외우고 방송을 하는 시간까지 척척 꿰고 있었어. 그래서 엄마를 걱정시키기도 했지만 이렇게 어린 시절의 나처럼 TV에 관심이 많은 어린이는 나아가 방송인이 될 가능성이 더 높다고 봐도 좋아.

공부보다 TV를 좋아하는 어린이였던 나도 방송 작가가 되었잖아?

함께 일하는 PD나 작가 동료들을 봐도, 어릴 때 TV만 본다고 혼나던 어린이들이 너희처럼 방송국에서 일하고 싶다는 꿈을 가지고 쑥쑥 자라서 훌륭한 방송인이 된 경우가 많거든.

공부는 너무 싫고 TV만 좋아서 고민이라면 더 이상은 고민 끝!

좋아하는 것을 직업으로 가지고 살아갈 수 있는 가장 기본적인 소양을 너희는 갖추고 있는 거란다. 적성에 딱 맞는 직업을 꿈꾸고 있다는 얘기지.

이제부터 좋아하는 TV를 보는 것에만 그치지 말고 내 손으로 더 재미있는 프로그램을 만들 그날을 위해 하나씩 미리미리 알아보는 시간을 가져 보자. TV 속에는 다양하고 흥미진진한 직업들이 아주

많거든.

어떤 직업에 대한 포부가 생기면 그 직업을 갖기 위한 구체적인 계획을 세워야 하고, 공부는 그 뒤에 따라오는 요소라고 생각해.

그럼, 엄마가 못 보게 하는 TV 속을 하나둘 뜯어보고 파헤쳐 볼까?

설마 아빠의 공구함을 들고 TV 앞으로 가는 엉뚱한 친구는 없겠지? 워~ 워~ 진정하고 편하게 앉아 책만 읽으면 된단다.

 방송은 언제 처음 시작됐을까?

방송이 언제 처음 시작됐는지 아니?

방송인이 꿈이라면서 방송의 역사에 대해서 아무것도 모른 채 연예인들의 이름과 생일만 줄줄 외우는 것보다는 이쯤 알고 있으면 폼 나지 않을까?

우리나라 최초의 방송국은 우리가 일본에게 억울하게 통치를 받던 1926년 11월에 조선 총독부에 의해서 서울의 정동에 세워진 경성 방송국이었어.

그땐 어떤 프로그램을 방송했을까? 머릿속으로 한번 그려 봐.

조선의 양반들이 모여 글짓기 대회를 하는 퀴즈 프로그램을 했을까? 아니면 전국에서 힘 세기로 소문난 머슴들이 모여 여는 씨름 대회를 했을까? 그것도 아니면 재주 많은 남사당패들이 모여서 노는 예능 프로그램을 했을까? 재미있는 것들이 많이 상상되지?

하지만 비극적이게도 1927년 2월 16일에 처음 시작된 방송은 일본인들이 방송이 나가기 전에 모두 검열을 했고 경제 상황이나 일기 예보를 주로 방송했대. 그리고 1941년 태평양 전쟁이 일어나자 오직 전쟁 상황을 보도하는 방송만 내보냈다고 해.

지금처럼 연예인들이 나와 웃고 떠들거나 신나게 노래를 하는 프로그램은 꿈도 못 꿨을 거야. 정말 재미없었겠지?

그럼, 너희가 보는 방송 프로그램이 어떻게 방송국에서 집에 있는 TV로 전달되는지 알려 줄까?

지상파, 공중파라는 말은 들어 봤지? 대표적인 방송 수신 방법이라고 할 수 있는데, 땅 위에 세운 무선국에서 전파를 쏘아 올려 방송을 내보내는 방법을 말해. 우리가 주로 보는 KBS, MBC, SBS, EBS가 여기에 속해.

또, 케이블 방송이나 유선 방송도 들어는 봤지? 광케이블 전선을 통해서 영상과 음향을 전달하는 방법으로, 예전에는 TV가 잘 안 나오는 외딴 지역에서 많이 봤는데 지금은 수많은 채널이 생겨서 시청자들이 취향에 맞게 골라 볼 수 있는 다양한 프로그램이 방송되지.

우주에 떠 있는 인공위성을 통해서 방송을 내보내는 위성 방송도 있는데, 요즘 새로 방송을 시작한 종합편성채널이 위성이나 케이블을 통해 프로그램을 전달하는 방법을 이용하고 있단다. 이렇게 다양한 채널과 프로그램이 넘쳐나게 되니 방송국에서 일하는 사람들이 갈수록 더 늘어나게 되는 것은 당연한 일이겠지?

이번엔 방송국 안에 어떤 직업들이 있는지 한번 알아볼까?

머리카락 보일라~
카메라 뒤에 숨은 사람들

한때 어떤 드라마나 예능 프로그램이 끝나고 마지막 회에서 카메라를 스태프들을 향해 돌려서 수많은 사람들의 모습을 보여 주는 것이 유행처럼 번지곤 했었지. '그동안 이 방송을 위해서 이렇게 많은 사람들이 수고했어요.' 하는 의미로 말이야.

너희도 이런 장면을 보다가 놀란 적이 있을 거야.

간단한 장면이라고 생각했는데 생각보다 훨씬 많은 사람들이 카메라 반대편에서 땀을 흘리고 있었기 때문이지.

나도 방송국에서 처음 일할 때 정말 많은 사람들이 방송국에서 다양한 일을 하고 있구나 하고 놀랐었어. 방송이 끝나면 사람들의 이름이 적힌 자막이 지나가잖아. 그것만 봐도 프로그램 한 편을 위해 얼마나 많은 사람들이 피땀 흘려 일하는지 알 수 있어.

먼저 '프로그램의 아버지'라고 불리는 기획과 제작 전문 PD Program Director 가 있고, PD를 돕는 AD Assistant Director, PD와 AD를 돕

는 연출 보조인 FD Floor Director 가 있어. 이들을 연출 팀으로 묶을 수 있지.

그리고 연출 팀과 함께 일하는 '프로그램의 어머니' 방송 작가가 있고, 방송 기술 분야를 책임지는 기술 감독, 방송에 필요한 영상을 찍는 카메라 감독, 방송의 모든 소리를 담당하는 음향 감독, 출연자들의 얼굴을 더 빛나게 만드는 조명 감독, 방송에서 나오는 물건, 즉 소품을 담당하는 소품 담당자, 배경으로 사용되는 스튜디오를 만드는 무대 디자이너, 촬영을 마친 영상을 재미있게 편집하는 편집기사, 방송 진행을 담당하는 아나운서, 리포터, 성우, 새로운 소식을 찾아 발로 뛰는 기자 등 많은 사람들이 시청자들이 좀 더 빠르고 정확하고 재미있는 방송을 볼 수 있도록 열심히 일하고 있단다.

이 많은 사람들이 모두 다 자기가 맡은 분야에서 최선을 다해 일해야만 하나의 방송 프로그램이 만들어질 수 있어.

프로그램의 기초가 되는 대본이 없이 방송을 할 수 없으니 작가가 필요하고, 출연자가 아무리 열심히 연기를 하고 노래를 한다고 해도 그 모습을 찍고 목소리를 녹음하지 않는다면 방송이 될 수 없겠지?

조명 없이 깜깜한 스튜디오에서 녹화를 하면 어떨까? 이것 봐, 여러 가지 부속품이 모여 기계가 작동되는 것처럼 수많은 직업 중에 하나라도 없으면 좋은 방송을 만들 수 없는 거야.

너희는 어떤 분야에서 일하고 싶니? PD? 작가? 아나운서?

그래, 급할 거 하나도 없어. 이제부터 본격적으로 방송국 안 직업의 세계를 알아볼 생각이거든.

나와 같이 여러 직업을 찾아 방송국을 한 바퀴 돌아보고 나서 그때 결정해도 늦지 않아. 그럼, 마음속 운동화 끈은 단단히 묶었니? 이제부터 바쁘게 뛰어다닐 거야. 긴장 바짝하고 따라와야 해.

빛나는 카리스마, PD가 되고 싶니?

PD가 되고 싶은 친구들에게

너희 혹시 PD라는 직업을 알고 있니?

'방송인이 되겠다고 결심한 나에게 왜 이런 멍청한 질문을 하는 거지?' 하는 생각이 든다고? 그렇다면 미안~. 하지만 PD가 얼마나 많은 일을 하는 지는 잘 모를 거야. PD는 프로듀서Producer와 디렉터Director라는 말이 합쳐진 것이기도 하고, 또는 프로그램 디렉터Program Director를 줄여서 부르는 말이기도 해.

디렉터라는 것은 방송 프로그램의 기획자, 프로듀서는 연출자를 말하는데 우리나라에서는 PD가 기획도 하고 연출도 하는 경우가 많아서 프로듀서와 디렉터가 합쳐진 개념으로 쓰여.

내가 PD가 많은 일을 한다고 했는데 자, 보렴. 벌써 기획과 연출이라는 두 가지 일이 생겼지? 어떤 프로그램을 만들어야 시청자들에게 유익하고 재미있는 방송을 선보일 수 있을까 고민하는 것이 기획이라면, 구체적으로 그 고민을 실행에 옮기는 것을 연출이라고 해.

TV에서 가끔 PD들이 나와서 출연자나 스태프들을 지휘하는 모습을 보여주지? 프로그램을 만드는 데 참여하는 수많은 사람들을 앞장서서 지휘하는 것이 바로 기획과 연출만큼 중요한 PD의 역할이야.

PD가 되어 일을 하려면 나보다 더 나이도 많고 방송국에서 일한 경험도 많은 사람들도 다 따르게 하는 힘이 필요해.

그 힘이 바로 흔히 말하는 카리스마야!

방송 현장에서 출연자의 연기부터 카메라의 영상, 소리, 음악, 조명, 편집 등 수많은 분야의 제작 요소들을 모두 한 손에 쥐고 이끄는 절대적인 힘. 그것이 PD가 갖춰야 하는 카리스마란다.

이런 카리스마를 가진 PD가 되려면 어떤 준비를 해야 할까?

카메라 앞에서 "스탠바이~", "액션!", "컷!"을 외치는 목소리만 큰 카리스마 말고, PD들의 진정한 카리스마를 좀 알려 줄까?

# 감독님 감독님, 반장님 반장님

    방송국에서는 PD를 흔히 감독님이라고 불러.
    야구나 농구, 축구처럼 스포츠단에도 선수들을 지도하는 감독님이 있는 것처럼 방송의 모든 것을 감독한다고 해서 감독님이라고 부르는 거지. 이런 방송국의 감독님하고 비슷한 사람이 너희 학교에도 있어. 바로 너희 학급의 반장이야.
    너희 반의 반장은 어떤 친구니? 평소에 자기 공부만 하다가 떠든 친구들, 장난치는 친구들의 이름을 적어서 일러바치고 담임 선생님 사랑을 독차지하는 얄미운 친구는 아니니? 설마 아닐 거라고 믿어. 너희 손으로 뽑은 반장은 학급을 위해 누구보다 열심히 일하는 성실한 친구일 거야. 그렇지?
    PD도 마찬가지야. 너희 반의 반장처럼 할 일이 아주 많은 바쁜 사람이지.
    방송국에서는 봄과 가을이 되면 시청자들이 좋아하지 않는 프로

그램은 없애고 새로운 프로그램을 만드는 정리를 해. 이걸 개편이라고 하는데 너희 학교에서도 새 학기가 되면 반장을 새로 뽑잖아? 그것과 비슷하다고 볼 수 있어.

새로운 반장이 한 학기 동안 어떻게 일을 할 것인지 계획을 짜듯이, PD도 새로운 프로그램을 만들기 위해 작가와 연출 팀을 만들어서 회의를 하지.

이렇게 여러 사람의 아이디어를 모아서 하나의 프로그램을 기획하면 그 프로그램에 맞는 출연자와 함께 일할 모둠, 즉 스태프들을 꾸리게 돼. 반장이 학급의 임원을 선정하는 것처럼 말이야.

이렇게 꾸려진 한 팀이 새로운 프로그램을 구성하게 되고, 그 맨 앞자리에 너희 반장처럼 PD가 서서 일하게 되는 거야. 어때? 반장과 비교하니 PD가 대충 어떤 일을 하는 사람인지 감이 잡히니?

PD가 되기 위해서는 주로 각 방송국에서 치르는 시험을 봐서 합격해야 해. 그러기 위해서는 영어 실력을 갈고 닦아야 하고 대학의 어느 학과를 가서 공부를 하든 학점 관리도 잘 해둬야 하지.

시험은 여러 번 보는데 1차로 대학에서 공부한 성적과 평소의 영어 실력을 알아보고 2차로는 PD가 되고 싶은 사람들을 모아 놓고 너희가 보는 것처럼 필기시험을 보게 해. 필기시험은 국어와 종합적인 교양, 논술, 작문 같은 시험을 보는데, PD가 인기 있는 직업인만큼 경쟁자들이 많아서 높은 점수를 받아야만 PD가 되는 길에 가까워질 수 있단다.

그리고 3차인 면접과 합숙을 통해 각자가 가지고 있는 능력을 평가받게 되고 4차 최종 면접과 신체검사를 모두 합격하면 대망의 PD가 될 수 있어.

PD나 기자가 되는 시험을 언론 고시라고 불러. 고시만큼 어렵고 힘들다고 해서 붙여진 별명이라고 보면 돼. 어때? 공부도 부지런히 해야만 PD가 될 수 있겠지? 엄마의 잔소리 때문이 아니라 너희의 꿈을 이루기 위해 공부를 열심히 하길 바라.

또, 언론 고시를 치르기 위해서는 공부뿐 아니라 상식도 풍부해야 돼. 그뿐만이 아니야. 글을 쓰고 표현할 줄 아는 다재다능한 능력도 필요하지.

이 어렵고 치열한 과정을 거치고 살아남아야만 너희가 원하는 직업을 가지고 살아갈 수 있다면 너희는 어떻게 할래?

다양한 분야의 책도 많이 읽고 공부 또한 열심히 해야 한다는 것, 절대 잊어서는 안 되겠지?

No. 1 PD는 반장만큼 대단한 능력자

너희 반 반장은 어때? 학급을 대표하고 학생들과 선생님의 중간 역할까지 해내야 하니 매우 바쁠 거야.

선생님께 "차렷! 경례!" 인사만 한다고 반장이 아닌 것처럼 PD도 마찬가지야. 카메라 앞에서 "스탠바이! 액션!"만 외친다고 PD의 일이 끝나는 건 아니거든.

PD는 아주 여러 가지 일을 해. 그래서 그만큼 많은 능력을 필요로 하는 직업이지.

너희 주변에 유독 없으면 허전한 친구가 있지? 재미있는 놀이가 어떤 것인지 잘 알고 만들어 내는 친구들 말이야.

PD도 이렇게 놀이를 만들어 내듯이 재미있는 주제와 소재를 뽑아내는 능력이 필요해. 그러기 위해서는 작은 사물이나 주위 현상도 그냥 지나치지 말고 새롭게 보는 연습을 하면 좋아.

예를 들면 고양이 한 마리가 지붕 위에서 졸고 있다고 치자.

"도둑고양이야, 저리 가!" 하고 내쫓기보다는 고양이를 소리치지 않고 깨우는 놀이를 친구들과 함께 해 보면 어떨까? 고양이를 괴롭히라는 게 아니라 이런 놀이를 통해 상상력과 창의력을 키우면 좋을 것 같아서야. 어때? 재미있지 않겠니?

이런 상상력들이 쌓이면 미래에 너희가 진짜 PD가 되었을 때 짜잔~ 하고 꺼내 쓸 수 있는 소중한 보물이 될 수 있단다.

또 요즘 '리얼 버라이어티'라고 해서 '저걸 진짜 대본대로 하는 걸까?' 하고 의심이 가는 예능 프로그램들이 많지? 대본이 없이 출연자들이 멋대로 하는 것 같은 인기 프로그램들 말이야. 그런데 놀라운 것은 이런 리얼 버라이어티 프로그램일수록 대본이 아주 구체적이고 탄탄하단다. 출연자의 행동 하나 말투 하나까지 다 세세하게 대본에 적혀 있지. 시청자에게 웃음을 준다는 것은 결코 쉬운 일이 아니거든.

치즈 없는 피자 없고 앙금 없는 찐빵이 없듯이 대본 없는 방송 프로그램도 있을 수 없다는 얘기지. PD가 대본을 직접 쓰지는 않지만 작가와 함께 상의를 해서 대본을 만들고 그 대본으로 촬영을 해야 하기 때문에 PD도 대본을 보고 파악하는 날카로운 눈이 필요해. 이런 눈을 키우려면 지금부터 다양한 분야의 책을 많이 읽어 두는 것이 좋아.

그리고 대본대로 촬영이나 녹화를 마쳤다면 이제부터 PD의 진정한 능력을 발휘하는 순간을 맞이하게 돼.

바로 여러 시간 동안의 촬영 테이프를 가지고 방송 시간에 맞게 압축하는 거야. 이 작업을 편집이라고 해. 재미있는 부분은 늘리거나 반복해 보여 주고, 재미없는 부분은 과감하게 없애 버리는 작업이지.

이런 능력은 이야기를 잘 전달하거나 간추리고 독후감을 잘 쓰는 친구들에게 많을 것 같아.

어떤 사람의 평소 행동이나 말투 같은 것을 흉내 내면서 이야기를 재미있게 하는 친구들이 있지? 또 길고 지루한 이야기를 짧고 알기 쉽게 요약해서 글을 잘 쓰는 친구들도 이런 능력자라고 볼 수 있어.

어때? PD가 되려면 갖춰야 하는 능력이 많지? 나와 맞지 않거나 어렵다고 벌써 좌절하지는 마. 이 모든 것은 관심과 노력으로 얼마든지 갖출 수 있는 능력이니까.

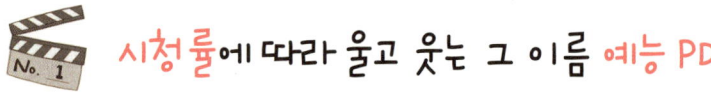
시청률에 따라 울고 웃는 그 이름 예능 PD

PD가 되고 싶다면, 구체적으로 어떤 프로그램을 만드는 PD가 되고 싶니?

뉴스, 라디오, 음악, 교양 프로그램 등등이 있지만 어린이들은 연예인들과 함께 웃고 즐기는 예능 프로그램을 가장 좋아할 거야.

그럼, 예능 프로그램을 만드는 PD들이 제일 무서워하는 게 뭔 줄 아니?

그 무섭다던 만화 학교 괴담의 귀신들? 아니면 해리포터 시리즈에 나오는 불사조 악당 볼드모트? 오우, 노~! 아니야. 예능 PD가 귀신보다 더 무서워하는 건 따로 있어. 그건 바로 시·청·률이야.

시청률은 프로그램이 시청자들에게 얼마나 사랑을 받고 있는지를 백분율 수치로 계산한 것을 말해.

미리 다양한 사람들로 구성된 조사 집단을 뽑고, 그 사람들의 TV에 시청률을 조사하는 기계인 '피플미터'라는 것을 달아서 매 초마다 기록되는 결과로 시청률을 뽑아내. 신기하지 않니? 리모컨으로 채널을 바꾸는 것이 다 기록되어서 숫자로 나오는 거야.

그런데 이 시청률이 왜 무서운 존재일까?

시청률은 프로그램을 만들기도, 없애기도 하는 원인이 되거든. 시청률은 원래 시청자들이 어떤 프로그램을 많이 보는지 측정하기 위한 방법이지만, 시청률이 안 나오는 프로그램은 그만큼 인기가 없는 프로그램이라는 얘기가 되니까.

특히 시청률에 민감한 예능 프로그램 PD의 경우 일주일 동안 바쁘게 뛰어다니면서 열심히 프로그램을 만들었는데 시청률이 안 나온다는 이유 하나만으로 프로그램이 없어진다면 정말 보람도 없고 슬프겠지?

또다시 같은 시간에 경쟁하는 다른 방송사의 예능 프로그램보다 더 재미있고 인기 많은 프로그램을 만들려고 머리를 싸매고 고민해야 할 거야.

그래서 예능 프로그램 PD들은 이 시청률을 무서워하는 거란다.

그렇다면 시청률을 잡기 위해서는 남녀노소 누구나 좋아하는 프로그램을 파악하는 게 필수겠지?

너희도 지금 가족 구성원을 한번 살펴 봐.

할아버지와 할머니가 좋아하는 프로그램은 무엇이고 엄마와 아빠, 그리고 내가 각각 좋아하는 프로그램은 무엇일까? 또 방송을 자주 시청하는 시간대는 언제일까? 또한 각자 가장 관심을 갖고 있는 분야는 무엇일까? 이런 것을 조사해 보면 할아버지 할머니 세대의 취향과 엄마 아빠 세대, 너희 같은 어린이들 세대의 취향이 파악될 거야.

요즘 인터넷에서 유행하는 뇌 구조를 그려 보는 것도 재미있을 것 같아. 할아버지, 할머니, 아빠, 엄마, 나의 뇌 구조를 그려 보면 우리 가족의 취향과 특성을 쉽게 알 수 있겠지.

가까운 가족부터 세심하게 살펴보고 가족 모두가 좋아하는 특별한 한 가지를 발견했다면, 너는 장차 시청률 잘 나오는 프로그램의 PD가 될 가능성이 있는 어린이란다.

나는 평소에 어떤 생각을 하고 있을까? **나의 뇌 구조를 그려 보세요.**

오징어, 돈가스, 뼈다귀……
지칠 때까지 **뛰어놀기**

　너희는 PD가 되기 위해서, 그것도 예능 PD가 되기 위해서는 제일 먼저 무엇을 해야 된다고 생각하니?

　열심히 공부하기? 꾸준히 독서하기? 물론 그것도 중요하지. 하지만 내 생각은 달라. 난 오징어, 돈가스, 뼈다귀라고 생각해.

　오징어, 돈가스, 뼈다귀가 대체 뭐냐고? 너희는 감이 안 오겠지만 너희 부모님께 여쭤 보면 아마 아실 거야.

　바로 나를 비롯한 어른들이 어린 시절 마당에서 뛰어놀면서 하던 게임 이름이야. 이름이 유치하면서도 재밌지 않니?

　PD하고 오징어, 돈가스, 뼈다귀가 무슨 관계가 있는지 말해 줄게.

　어릴 적부터 약골에다가 내성적인 성격이어서 집에서 책만 보고 공부만 하던 오덕후란 친구와, 공부는 그냥저냥 다른 친구들만큼은 하고 뛰어놀기 대장에 못하는 게임이 없는 왕극성이라는 친구가 자라서 둘 다 똑같이 예능 PD가 되었어.

오덕후 PD는 신중하고 꼼꼼한 성격이기는 하지만 소심하고 조용해서 앞으로 나서는 일을 잘 못해. 게다가 예능 프로그램에서 출연자들이 어떤 게임을 해야 재밌을지도 하나도 몰라. 왜? 해 본 경험이 없으니까.

하지만 왕극성 PD는 누구와도 잘 어울리는 성격에 게임 대장, 놀이 대장이라 어디를 가든 주목받고 프로그램을 만들 때도 톡톡 튀는 아이디어까지 넣어서 즐겁게 프로그램을 만들어. 왜? 재밌게 놀아 본 경험이 있어서 어떤 것이 재밌는지 알고 있기 때문이지.

물론 내 이야기가 틀렸다고 생각하는 사람도 있을 거야. 하지만 이 모든 것이 앞에서도 말했듯이 적성과 관계가 깊기 때문에 무시할 수 없는 일이야.

모든 일이 그렇듯 만드는 사람이 신나고 재미있게 만들면 그 마음이 시청자들에게 반드시 전해지게 되거든.

생각해 봐. 소극적인 오덕후 PD보다 적극적인 왕극성 PD가 만든 예능 프로그램이 더 재밌을 것 같지 않니?

자, 내 이야기에 동의한다면 잠시 책을 덮고 밖으로 나가서 신나게 뛰어놀다가 들어오는 게 어떨까? 친구와 넓은 마당만 있다면 재미있는 놀이는 무궁무진하거든.

오징어, 돈가스, 뼈다귀 놀이를 할 줄 아는 엄마 아빠와 함께 놀아 보는 것도 재밌을 것 같지 않니? 엄마 아빠도 매일 공부하라고 잔소리만 하려고 태어난 분들은 아니거든.

너희가 오징어, 돈가스, 뼈다귀 놀이로 잊고 있던 동심을 돌려드리면 얼마나 좋겠어. 그리고 꼭 말씀드려. 좋은 예능 PD가 되기 위해서는 너희 나이에 지칠 때까지 뛰어놀아 보는 것도 중요한 일이라고.

물론 공부는 안하고 매일 뛰어놀기만 하면 궁둥이 팍팍 맴매감이라는 거 알지?

TV로 예술을 만드는 드라마 PD

　너희는 아직 드라마를 많이 볼 수 있는 나이는 아니야. 현재 우리나라 방송에는 어린이들이 재미있게 볼 수 있는 드라마가 거의 없다고 할 수 있지. 나는 이런 점이 참 아쉬워. 내가 어릴 때, 그리고 너희 부모님이 어릴 때는 어린이가 볼 수 있는 어린이 드라마나 청소년 드라마, 가족 드라마 들이 많았거든.
　하긴 요즘 어린이들은 TV를 보거나 노는 시간보다 학원에 있는 시간이 많으니 이런 드라마가 있어도 봐 줄 사람이 별로 없겠네.
　내가 어린 시절 보았던 〈호랑이 선생님〉이라는 드라마는 꽤 어린 나이였음에도 불구하고 장면이 하나하나 떠오를 정도로 인상 깊었거든. 너희에게 이런 드라마가 없다는 것이 안타깝다는 생각이 드는구나. 이런 드라마를 보면서 드라마 PD가 되고 싶다는 꿈을 키울 수도 있을 테니 말이야. 그래도 너희, 어린이 드라마는 아니지만 화제가 됐던 〈꽃보다 남자〉나 〈상속자들〉 같은 드라마는 알고 있지? 이런 인기 드라마를 보면서 장차 드라마 PD가 되고 싶다는 꿈을 키운 친구들도 있을 거야.

　예능이나 교양 프로그램 PD와 드라마 PD는 하는 일이 조금 달라. 지금부터 설명해 줄게.

　드라마 PD는 좋은 드라마를 기획해서 작가가 만든 대본을 가지고 다른 드라마와 차별이 되는 기발한 연출법을 고민해서 촬영하는 것이 중요해.

　특히 재미와 감동이 잘 조화된 대본을 찾아내는, 매처럼 날카롭고 정확한 눈이 필요하지. 그러기 위해서는 좋은 이야기를 고르는 연습과 이야기를 영상으로 만들어 내는 풍부한 상상력이 필요해.

　또한 드라마 PD에게 없어서는 안 될 요소가 바로 체력이야. 드라마는 TV 프로그램보다 더 많은 시간을 촬영해야 하거든.

　꽃미남 스타 손중기와 김원빈이 가위바위보를 하는 장면을 드라마로 찍는다고 치자. 예능 프로그램이라면 가위바위보 한 번을 여러 카메라로 촬영하면 그만이지만 드라마는 한 장면을 여러 번 촬영해야 해.

　가위바위보 하는 손중기의 얼굴 한 번, 김원빈의 얼굴 한 번, 두 사람의 손 한 번, 두 사람이 서서 가위바위보 하는 모습 한 번……. 이렇게 하나의 장면을 여러 번 찍으려면 카메라의 위치도 바꿔야 하고 조명과 마이크의 위치도 바꿔 가면서 촬영을 해야 하니까 아주 긴 시간이 걸린단다.

추운 겨울밤, 밖에서 이 장면을 촬영해야 한다면 어떨까?

그 오랜 시간을 추위, 졸음과 맞서 싸워야겠지? 그래서 드라마 PD는 튼튼한 체력이 있어야만 좋은 드라마를 만들 수 있는 거란다.

이렇게 추위나 더위, 졸음과 싸우면서 열심히 촬영한 드라마가 온 국민의 사랑을 받고 더 나아가 해외에서도 팬이 많이 생긴다면 얼마나 보람되고 신나는 일일까?

난 드라마 PD는 TV로 예술을 만드는 예술가라고 말하고 싶어.

그날을 위해 지금부터 밥도 잘 먹고 운동도 열심히 해서 준비된 체력을 갖춘 건강한 어린이가 되어야겠지?

방송국은 넓고 PD는 많다

 현재 우리나라에는 방송국이 몇 개나 될까?

 우리에게 친숙한 MBC, KBS, SBS, EBS 같은 지상파 방송국 말고도 케이블 방송, 요즘 새로 생긴 종편 방송, 인터넷 방송 등등을 다 합치면 정말 수많은 방송국이 있지. 그리고 그 안에서 쉴 새 없이 많은 방송 프로그램들이 만들어지고 있단다. TV를 켜면 연예, 오락, 다큐, 뉴스, 음악, 교양, 개그 프로그램 등이 하루 종일 방송되고 있잖니?

 이렇듯 방송 프로그램이 다양하다는 건, 곧 그만큼 PD도 많다는 얘기야. 장차 너희가 어른이 되면 더 많은 방송국과 더 다양한 분야의 PD들이 생겨날 테지. 그렇다면 너희가 가진 PD의 꿈이 실현되는 것은 그리 어렵지 않은 일이라고 볼 수도 있어.

 그래, 누구든지 원하고 노력하면 PD가 될 수 있을 거야.

 전에 말했던, 방송사에서 실시하는 시험을 통과해서 PD가 되는

　방법 외에도 PD가 되는 여러 가지 방법들이 있거든.
　혹시 방송 아카데미라고 들어봤니? 수학 학원, 영어 학원처럼 방송에 대한 교육을 받을 수 있는 학원이야. 이 방송 아카데미에서 일정 기간을 공부하면 PD가 될 수 있단다. 방송국에 바로 들어가는 게 아니라, 외부에서 프로그램을 만들어서 방송국에 가져다주는 프로덕션이라는 곳에 PD로 취직할 수 있거든.

이 밖에도 먼저 방송 쪽에 진출해 있는 선배들의 소개를 받거나 여러 가지 아르바이트 경험을 살려서 방송국 PD가 되는 방법도 있어.

이렇게 PD가 될 수 있는 길은 매우 넓고도 많지. 하지만 모든 PD가 다 좋은 PD가 될 수 있는 건 아니야.

드라마 속 배우들의 연기를 봐. 어떤 배우는 연기를 뛰어나게 잘하는 반면, 어떤 배우의 연기는 보기가 민망할 정도지?

PD도 마찬가지야. 나도 방송 작가로서 수많은 PD들을 만나서 함께 일을 했지만 모든 사람들에게 존경받고 인정받는 PD를 만나 일을 하게 되는 것은 참 행복하고 소중한 경험이었어.

너희가 나중에 커서 PD가 되었을 때, 누군가가 "○○○ PD와 함께 일해서 정말 행복했다."라고 말한다면 얼마나 보람되겠니?

막연히 대통령이 되기보다, 좋은 정치로 국민에게 존경받는 대통령이 되고픈 꿈이 더 멋지듯이 우리 친구들도 기왕 PD가 되겠다는 꿈을 가졌다면 함께 일하는 사람들을 행복하게 만드는 좋은 PD가 되는 꿈을 가져 보는 게 어떨까?

누가 "장래 희망이 뭐니?"라고 물었을 때 당당하게 "시청자들에게 웃음과 감동을 주는 훌륭한 PD가 되고 싶습니다!"라고 대답하면 훨씬 폼 나잖아.

좋은 PD가 되려면 어떤 준비를 해야 하는지 이제부터 알려 줄게.

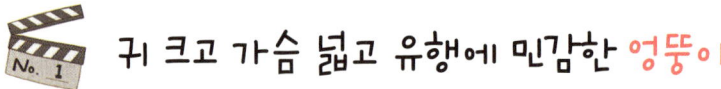

귀 크고 가슴 넓고 유행에 민감한 엉뚱이

　귀 크고 가슴 넓고 유행에 민감한 엉뚱이! 새로 나온 만화 시리즈의 괴물 캐릭터를 말하는 게 아냐. 바로 이런 모습이 장차 좋은 PD가 될 가능성을 지닌 친구들의 모습이야.
　혹시 다른 친구들의 이야기를 잘 들어 주는 편이니? 그럼 너도 귀가 큰 어린이구나.
　좋은 PD가 되기 위해서는 예능이건 드라마건, 교양이건 라디오건 간에 나 혼자 잘난 척하는 '나잘난 PD'가 되어선 안 돼.
　수많은 사람들이 각자의 역할에서 최선을 다해야만 좋은 프로그램이 만들어지듯이, 그 중심에서 많은 사람들을 이끄는 대장이자 반장인 PD는 나 혼자 잘났다고 나서기보다는 다른 사람들의 이야기에 귀를 기울이고 조화와 협동을 중요시하며 따뜻하게 감싸안는 넓은 가슴이 필요해.
　스스로를 유행에 민감하다고 생각하니?

다른 친구들이 내가 다 아는 이야기를 새로운 소식처럼 이야기한다거나, 내가 이미 갖고 있는 물건이 뒤늦게 유행을 하는 일이 자주 생긴다면 넌 유행에 앞서 가는 눈썰미가 있는 거야. 이렇게 앞서 가는 감각을 가진 사람이라면 좋은 PD가 될 요소를 갖추고 있는 거지.

누구나 다 생각할 수 있는 방송 프로그램은 식상하고 재미가 없어서 많은 사람들의 흥미를 끌지 못할 거야. 남보다 한발 앞선 생각과 감각이 바로 세상을 발칵 뒤집는 훌륭한 프로그램을 만들 수 있는 마술 같은 능력이 된단다.

또 엉뚱한 상상력을 지녔거나 유별나게 튀는 생각을 많이 하는 친구들도 좋은 PD가 될 가능성이 있어. 그 장점을 계발하고 키운다면 새롭고 기발한 아이디어로 무장한 유능한 PD가 될 수 있을 거야.

이만하면 귀 크고 가슴 넓고 유행에 민감한 엉뚱이에 대한 설명이 됐겠지.

그런데 이런 남다른 능력들만 가졌다고 좋은 PD가 될 수 있을까?

너희 아버지는 어떠시니? 회사나 일터에서 하고 싶고 좋아하는 일만 골라서 하시니? 어린이들도 마찬가지지. 학교에서 좋아하는 과목만 배우는 건 아니잖아.

PD도 자신이 원하는 프로그램만 한다면 운이 좋겠지만 때로는 그렇지 않은 경우도 있어. 내가 잘 모르는 분야의 프로그램을 맡아서 진행해야 할 때도 있거든. 그래서 PD는 다방면에 폭넓은 지식을 갖춰야 해.

공부도 하나의 방법이지만 그보다 다양한 분야의 책을 많이 읽는 것이 많은 도움이 될 거야.

자, 좋은 PD가 되고 싶다면 귀 크고 가슴 넓고 유행에 민감한 엉뚱이가 되어 많은 책을 읽도록 하자. 어때? 좋은 PD가 되는 연습, 그리 어려운 건 아니지?

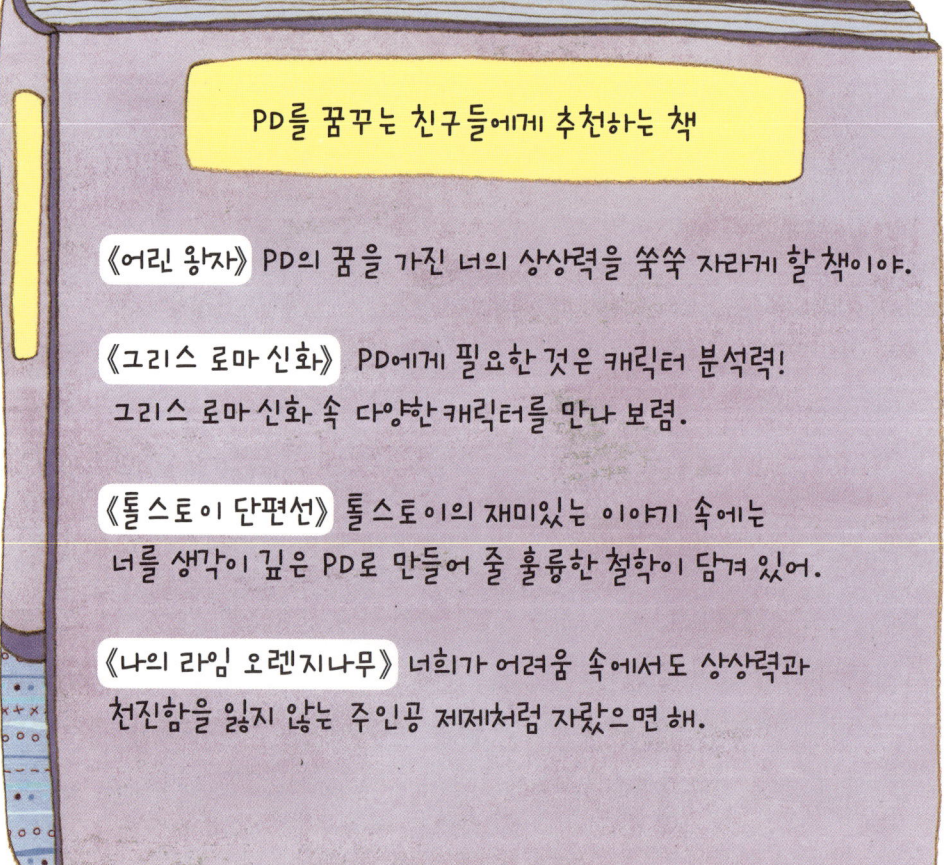

PD를 꿈꾸는 친구들에게 추천하는 책

《어린 왕자》 PD의 꿈을 가진 너의 상상력을 쑥쑥 자라게 할 책이야.

《그리스 로마 신화》 PD에게 필요한 것은 캐릭터 분석력! 그리스 로마 신화 속 다양한 캐릭터를 만나 보렴.

《톨스토이 단편선》 톨스토이의 재미있는 이야기 속에는 너를 생각이 깊은 PD로 만들어 줄 훌륭한 철학이 담겨 있어.

《나의 라임 오렌지나무》 너희가 어려움 속에서도 상상력과 천진함을 잃지 않는 주인공 제제처럼 자랐으면 해.

훌륭한 PD의 외모는?

눈 유행을 꿰뚫어 보는 예리한 눈

귀 친구들의 이야기를 잘 들어 주는 커다란 귀

옛날 옛날에 아기 고양이 두 마리가

입 재미있는 이야기를 잘하는 입

가슴 남을 생각하고 배려하는 넓은 가슴

발 마음껏 뛰어노는 건강한 발

3장
방송국의 척척박사, 방송 작가가 되고 싶니?

작가가 되고 싶은 친구들에게

'작가' 하면 어떤 사람들이 떠오르니?

커다랗고 동그란 뿔테 안경에 까치집처럼 덥수룩한 머리, 창작의 고통 때문에 물 한 모금도 제대로 못 마셔서 깡마르고 핏기 없이 창백한 얼굴을 떠올리는 건 아니겠지?

하긴 요즘 세상에 그런 모습의 작가를 찾는 것도 쉬운 일은 아닐 거야.

그래도 왠지 작가라는 고정적인 이미지가 있잖아. 항상 고독할 것 같고 생각이 아주 많아서 고달플 것 같은……. 이런 이미지를 확 깨는 것이 바로 방송 작가란다.

방송 작가는 글을 쓰고 기획도 하기 때문에 많은 생각을 해야 하는 것은 맞아. 하지만 하나의 방송 프로그램을 만들기 위해 수많은 사람들과 만나고 소통해야 하니까 결코 고독할 시간이 없는 직업이지.

컴퓨터 앞에 앉아서 자판만 두들기는 작가가 아니라, 두 발로 열심히 뛰어야만 일을 할 수 있는 직업이 방송 작가란다.

물론 글을 잘 쓰는 능력은 기본이겠지? 방송 작가도 당연히 글을 쓰는 작가니까.

방송 작가는 말 그대로 방송을 위한 대본을 쓰는 사람이야.

방송 작가는 드라마 원고를 쓰는 드라마 작가와 오락, 쇼, 다큐멘터리, 코미디 등의 원고를 쓰는 구성 작가로 크게 나눌 수 있어. 두 가지 모두 PD와 함께 프로그램을 기획하고 대본을 작성하면서 출연자나 연기자를 섭외하는 것에도 참여하지.

처음엔 메인 작가라는 대장 작가 밑에서 보조 작가로 일하다가 시간이 지나고 경력이 쌓이면 메인 작가가 되는 절차를 밟게 돼.

열심히 뛸 수 있는 두 발과 보이는 것, 생각하는 것, 느끼는 것을 글로 옮길 자신이 있다면 방송 작가의 길에 도전해 보는 것도 좋을 거야.

그럼, 지금부터 작가실 문을 똑똑 노크하고 들어가 작가가 되는 방법을 살펴보도록 하자. 대신 바쁜 작가 언니 누나들에게 방해가 안 되도록 살금살금 까치발 들고 걷는 매너는 기본인 거 알지?

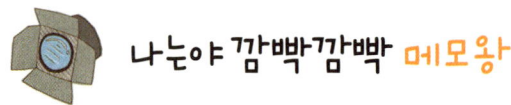 나는야 깜빡깜빡 메모왕

작가실 문을 열고 들어서니 뭐가 보이니?

작가 언니 누나들이 열심히 노트북으로 글을 쓰거나 통화하는 모습이 보일 거야. 방송 프로그램을 만드는 준비 단계로 아주 바쁜 모습이구나. 노트북으로 글을 쓰는 작가는 프로그램의 뼈대가 되는 대본을 쓰는 것이고, 통화하는 작가는 출연자를 섭외하거나 촬영을 위한 장소, 도구 등을 섭외하고 있는 것이지. 그런데 자세히 보면 뭔가 특별한 게 있을 거야.

섭외 전화를 하면서 끊임없이 메모를 하고 있지?

너희는 평소 메모하는 습관을 가지고 있니?

메모를 안 해도 모두 기억하는 머리가 있다고?

오우 노~! 자만은 금물이야. 사람은 태어나서 죽을 때까지 자기 뇌 용량의 5퍼센트만 사용한다고 해. 그 유명한 과학자인 아인슈타인이 5퍼센트보다 살짝 더 많은 용량을 썼다고 하니 우리 뇌의 저

장 공간은 무한한데 모든 정보가 다 기억되는 건 아니란 말이지.

　사실 눈으로 보고 느낀 것을 모두 생생하게 기억한다고 해도 참 피곤할 거야. 학교를 마치고 집에 오는 길에 본 개똥이 잊혀지지 않고 밥상 위에서 자꾸 생각난다든가, 친구가 실수로 망가뜨린 내 물건이 잊혀지지 않고 머릿속에 떠오른다면 그 친구와의 사이도 멀어질 테니 잊을 것은 과감히 잊고 기억할 것만 골라 기억하는 게 더 좋을 것 같아. 그렇지?

　하지만 방송 프로그램을 만드는 것은 나 혼자 하는 일이 아니라서 작가가 하나라도 잘못 기억했다가는 많은 사람들이 만드는 방송이 엉망이 될 수도 있어. 만약 출연자가 나오기로 한 날짜와 시간을 헷갈리거나 촬영할 장소를 까먹으면 큰 혼란이 빚어져서 촬영을 제대로 할 수 없을 테니까.

그래서 하나하나 철저하게 메모하는 습관이 중요해.

너희도 친구들과의 약속, 부모님과 선생님이 하신 이야기들, 나만의 계획이나 주위에서 일어난 특별한 일들을 꼼꼼히 적어 두는 습관을 가져 봐. 나중에 일 잘하고 야무진 작가가 되는 데 큰 도움이 될 거야.

깜빡깜빡 잘 잊어버리는 친구들이라면 이번 기회에 메모왕이 되어 보면 어떨까? 아빠가 회식을 하고 들어오셔서 기분이 좋으실 때 최신형 컴퓨터로 바꿔 주신다고 했던 약속이나, 엄마가 백화점에서 사 주신다던 그 옷! 약속한 날짜와 시간, 장소까지 꼼꼼하게 적어 두고 오목조목 말씀드리면 정말 사 주실지도 몰라.

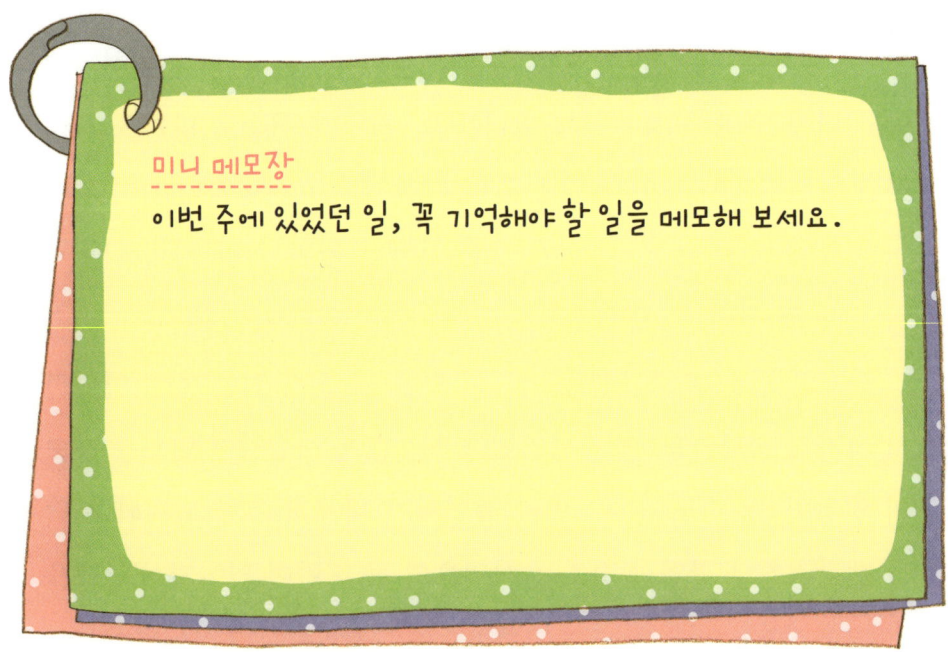

미니 메모장
이번 주에 있었던 일, 꼭 기억해야 할 일을 메모해 보세요.

무엇이든 물어만 보시라구요

예전에 〈생방송 무엇이든 물어보세요〉라는 프로그램이 있었어. 정말 무엇이든지 물어보면 생방송 도중에 다 답해 줄까? 방송 중에 아무거나 막 물어봐도 될까? 정말 재미있는 제목이지?

'배우 A군이랑 가수 B양이 진짜 사귀는 건가요?', '이번 주 토요일에는 어린이 대공원에 가는 게 좋을까요, 가족 캠핑장에 가는 게 좋을까요?', '옆집에 잘생긴 오빠가 사는데 여자 친구가 있을까요?', '우리 반 반장이 진짜 좋아하는 남자애는 누굴까요?' 이런 질문에도 대답을 해 줄까? 사실 그런 건 아니고 하루에 한 가지 주제에 대해서 실제 시청자가 전화를 걸어 질문하면 전문가가 대답을 해 주는 프로그램이었어. 왜 이 얘기를 했냐면, 방송 작가는 이 프로그램의 제목처럼 무엇이든 물어보면 답을 해 줄 수 있는 위대한 능력이 필요해.

참 까다로운 능력이지? 방송 작가가 척척박사도 아니고 어떻게 수많은 분야의 지식을 모두 가지고 있을까?

바로 끊임없는 자료 조사와 공부가 답이야. 작가는 어떤 프로그램의 주제가 정해지면 그 분야를 철저하게 조사해서 촬영할 인물, 장소, 소재를 뽑아내고 시청자에게 올바른 정보를 전달해야 하니까 많은 자료를 살펴보고 직접 찾아가 체험해 보기도 하면서 그 분야의 전문가 수준이 되어야 해.

결국 사전 조사를 완벽하게 해서 대본에 써넣으면 그것이 출연자나 전문가의 행동과 말을 통해서 방송으로 전달되는 것이기에 아주 중요한 능력이라고 할 수 있지.

너희, 공부 싫어하지? 어디 좋아하는 친구들도 있니? 있다면 그 친구들을 위해서 잠시 박수 한번 쳐 주고 지나가자. 짝짝짝!

어린이들처럼 어른들도 공부하는 걸 별로 좋아하진 않아. 너희에게 매일 공부하라고 노래를 부르는 엄마나 아빠에게 공부하시라고 책을 내밀어 봐. 아마도 다들 질색하실걸. 공부는 필요하다고 느껴서 하는 것일 뿐이니까.

하지만 방송 작가가 하는 공부는 이런 재미없고 딱딱한 공부가 아니야.

시청자들이 관심을 가지고 재미있게 볼 수 있는 소재를 뽑아서 방송을 만들어야 하니까 그런 소재를 뽑아내기 위해서 방송 작가는 다양한 상식을 갖추고 있어야 해.

요즘 유행하는 노래는 무엇이며, 누가 인기 있고, 어떤 이야기들이 화제가 되고 있는지 등등을 기사나 책도 찾아보고 사람들 사이에서 듣고 보고 하면서 상식의 창고를 차곡차곡 채워 두는 거야. 너희도 상식 많은 작가가 되기 위해서는 지금부터 다양한 방면에 관심을 가지고 책도 많이 보고 음악도 많이 듣고 어린이들이 할 수 있는 많은 체험을 해서 각자가 가지고 있는 상식의 창고를 꽉꽉 채워 두도록 하렴.

그렇게 상식 부자가 되면 나중에 창고에서 하나하나 유용하게 꺼내서 쓸 때가 꼭 올 테니까.

좋은 방송 작가의 무기, 그것을 알려 주마!

방송은 놀이보다는 전쟁에 가깝다고 생각해.
그 치열한 전쟁에서 승리하려면 방송 작가에겐 몇 가지 무기가 필요해.
총알, 대포, 핵폭탄…… 이런 것만큼 거대한 힘을 가진
무기들을 소개할게.

1. 섭외
요즘은 섭외가 큰 능력이지. 출연을 원하는 연예인이나 유명 인사를
섭외하기 위해서 몇 달, 몇 년을 걸려 공을 들이는 경우도 있으니
섭외 잘하는 작가는 진정한 능력자야.

2. 글 솜씨
작가라는 꼬리표를 달았으면 글 솜씨는 기본이야. 같은 내용도
글 솜씨가 뛰어난 사람이 쓰면 더 재미있거든.

3. 아이디어
기발하고 재미있는 아이디어는 작가를 반짝반짝 빛나게 하지.

4. 둥글둥글 성격
많은 사람을 만나고 조율해야 하는 직업이기에 성격 좋은 작가가
인기도 많아.

5. 체력
작가는 아파도 안 된다는 말이 있어. 장수가 전쟁터에서 치열하게
싸우다 장렬하게 전사한다면 작가는 참았다가 방송이 끝나고
전사해야 할지도 몰라.

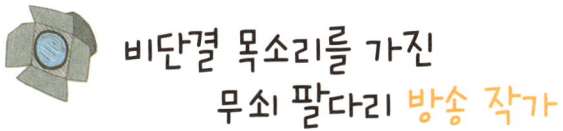# 비단결 목소리를 가진
무쇠 팔다리 방송 작가

아까 나랑 같이 상상 속 작가실을 들여다볼 때 통화 중이던 작가 언니 누나의 얼굴 기억나니?

어땠어? 예뻤니? 못생겼니? 아님 그냥 평범하니?

얼굴은 기억이 잘 안 나도 꾀꼬리 같은 목소리가 귀에 맴돌지는 않니?

내가 처음 방송 작가로 일을 하면서 가장 적응이 안 되고 어색했던 것이 바로 전화 목소리였어. 섭외를 위해서 전화 통화를 할 때면 평소 우렁차고 걸걸하던 목소리가 나도 모르게 조용조용하고 예의바르며 꾀꼬리 같은 목소리로 변하는 거야. 무슨 목소리 좋아지는 약이라도 먹었냐구?

절대 아니거든. 섭외를 하려면 거의 처음 접하는 사람들과 통화를 해야 하는 일이 많아.

상대방에게 출연을 권유하거나 장소나 소재, 소품들을 구하려고 하는 전화니까 작가의 입장에서는 부탁을 하기 위한 전화를 하는 거잖아. 방송국의 대표, 해당 프로그램의 대표가 된 듯 최대한 공손하고 예의 바른 말투로 좋은 이미지를 심어 줘야 한다는 생각에 나도 모르게 목소리가 달라지는 거야. 완전 마술 같은 일이지.

이런 마술은 지금도 충분히 가능해. 친구네 집에 전화를 한다거나 집에 온 전화를 받을 때 각자의 모습을 생각해 보자.

"거기 준호네 집이죠? 준호 있어요?" 다짜고짜 이렇게 말하는 것보다 "안녕하세요, 전 준호 같은 반 친구 소윤이라고 하는데요, 준호한테 숙제 때문에 물어볼 것이 있는데 집에 있으면 좀 바꿔 주실 수 있을까요?" 이렇게 공손한 태도로 말한다면 얼굴을 마주하지 않아도 상대방의 얼굴에 웃음꽃을 피우는 마술이 일어날 거야. 그쯤은 기본이라고?

그래, 너희처럼 어린 시절부터 전화 예절을 잘 배우고 실천해 나간다면 늘 하던 대로 차분하고 예의바른 꾀꼬리 목소리가 나올 거야. 오늘부터 너희 목 속에 숨어 있던 꾀꼬리를 불러내서 비단결 목소리로 통화를 해 보자. 목소리와 말투가 공손해지면 자연히 상대방의 말투도 친절해질 거야.

그럼, 목소리만 꾀꼬리 같다고 유능한 작가가 되는 걸까? 가장 중요한 것이 남았어. 바로 무쇠 팔, 무쇠 다리!

무슨 로봇 태권브이냐고? 하하, 그것과 비슷하지.

방송 작가의 체력은 방전되지 않는 건전지처럼 또는 무쇠 팔 무쇠 다리의 로봇처럼 강해야 하거든.

기획과 준비, 대본 쓰기, 촬영과 녹화, 편집, 후반 작업 그리고 방송까지, 작가의 손을 필요치 않는 과정이 하나도 없기 때문에 건강은 아주 중요해.

여기서 각자의 집을 살펴보자. 엄마가 아프면 집이 어떻게 될까? 생각만 해도 끔찍하지? 밥이며 청소며 빨래며 그 밖의 사소한 모든 것이 엄마의 손을 거쳐야 하는데 엄마가 아프면 제대로 되는 게 아무것도 없잖아.

방송 작가는 방송국을 집으로 생각하자면 그 속의 엄마와 같은 존재야. 방송 작가가 건강하게 일해 줘야 프로그램이 잘 만들어질 수 있는 것이지.

그러기 위해선 준비된 체력이 아주 중요해. 건강한 몸은 하루아침에 영양제를 많이 먹고 헬스클럽에서 운동을 많이 한다고 만들어지는 것이 아니야.

너희처럼 어릴 적부터 규칙적인 운동과 식사 습관, 바른 자세와 바른 생각을 가지고 있어야 건강한 어른이 되는 것이란다.

거기 너! 혹시 지금 편식을 하고 있니? 아니면 다이어트 한다고 굶는 중?

안 돼, 안 돼! 지금부터 건강한 몸을 만들어야 너희가 원하는 꿈을 이룰 수 있다는 것을 기억하고 잘못된 습관은 하나씩 고쳐 나가도록 하자. 약속~!

 드라마 작가가 되는 비밀 열쇠

너희 엄마는 어떠시니?

착한 어린이는 일찍 잠자리에 들어야 한다며 밤 열시 이전에 너희를 재워 놓고 좋아하는 드라마를 시청하기 위해 TV 앞을 지키고 계시지는 않니?

예전에 드라마는 아줌마들이나 보는 것이라고 생각했지만 요즘은 다양한 소재와 참신한 이야기들을 다룬 드라마들이 많아서 남녀노소 모두에게 사랑받고 있지. 너희 중에는 드라마 작가가 되고 싶은 친구들도 있을 거야. 그럼 드라마 작가가 되기 위해서는 어떤 준비를 해야 할까?

드라마 작가는 재미난 이야기를 잘 꾸며 내는 이야기꾼이야.

아무것도 없는 빈 종이에 그림을 그리듯 주인공을 그리고, 주인공이 사는 공간을 채우고, 그 공간 위에서 여러 등장인물들을 만들어 함께 움직이게 하는 것이지.

　여자 친구들은 인형 놀이 많이 하지? 인형 놀이를 하면서 이야기를 만들잖아.

　인형에게 멋진 드레스를 입혀서 무도회에 보내기도 하고, 친구 인형이 놀러 오면 차를 대접하면서 재미있는 상황을 만들기도 하고 말이야. 드라마 작가의 머릿속에도 커다란 인형의 집이 있는데 그 인형들이 작가의 머릿속에서 조종되고 움직여서 이야기를 만들어 낸단다. 너희도 인형 놀이를 하면서 상상력과 이야기 꾸미는 능력을 키우면 장차 인기 있는 드라마 작가가 되는 데 좋은 훈련이 될 것 같아.

방송 작가가 방송 아카데미 같은 학원에서 공부를 하고 바로 방송국으로 가서 일을 한다면, 드라마 작가는 교육을 받은 후에도 드라마 극본 공모나 여러 가지 능력을 검증받을 만한 시험을 치러서 드라마 작가로 인정받게 돼. 이것을 입봉이라고 한단다. 드라마 작가 입봉은 정말 어려운 일이지.

드라마 작가가 되기 위해서는 대단한 필력(글을 쓰는 능력)이 필요해.

하지만 너희 같은 어린이들이 지금부터 드라마를 쓸 수는 없는 일이고 어떻게 훈련해야 할까? 걱정하지 마. 아주 쉽고 친근한 방법이 있단다.

우선 책을 많이 읽는 것은 기본이고, 또 일기를 매일매일 쓰면 돼. 일기를 열심히 쓰다 보면 좋은 작가가 될 수 있어. 지금 '에잇~!' 하고 실망하는 친구들이 있니? 너희는 아직 일기의 숨은 힘을 모르는구나? 일기는 너희를 드라마 작가로 변신시켜 줄 요술의 문을 여는 비밀 열쇠란다.

어때? 일기는 혼자 쓰고 혼자 보는 글이지? 그래서 더 솔직한 마음의 이야기가 될 수 있는 거야. 나 자신에게 하고 싶은 이야기를 쓸 수도 있고, 하루 동안 느낀 점이나 여러 가지 생각들, 오늘 생각난 재미있는 이야기를 기록할 수 있는 커다란 이야기 노트가 일기란다.

일기가 혼자 쓰는 글인 것처럼 드라마 역시 구성 작가처럼 여러 사람이 함께 작업하는 경우보다 혼자 작업하는 경우가 많은 외로운 작업이지.

　혼자서 컴퓨터 앞에 앉아 수많은 시간을 고민하면서 드라마 한 편 한 편을 써야 하니 정말 엄청난 끈기와 인내가 필요해. 작가들은 그 오랜 시간 동안 혼신을 다해 글을 쓰면서 고독과 외로움을 호소하곤 해.

　이렇게 드라마 작가가 꿈인 친구는 혼자만의 글 쓰는 시간, 일기 쓰기를 열심히 해 보자. 지금부터 일기를 쓰면서 비밀 열쇠를 반짝반짝 닦아 놓는다면 미래의 어느 날 적당한 시기에 딸깍 하고 자물쇠를 열 수 있는 날이 올 거야.

 연예인과 친해지는 비법

"와~! 연예인이다!"

너희는 연예인을 실제로 본 적 있니? 봤다면 참 신 나는 경험이었을 것 같아.

방송국에서 일하고 싶은 어린이의 대부분이 연예인을 직접 만나고 싶다는 소망을 갖고 있지 않을까?

그럼, 방송국에서 일하면 무조건 인기 많은 연예인들과 친구처럼 친하게 지낼 수 있는 걸까? 혹시 그런 기대를 품고 방송국에서 일하고 싶은 것은 아니니?

하지만 그건 오해야. 너희가 학교를 다닌다고 선생님들하고 다 친한 것은 아니잖아? 비슷해. 방송국에서 일하면 연예인을 자주 볼 수 있고 연락도 할 수 있지만 연예인하고 모두 다 친하게 지낼 수는 없어.

연예인은 방송국의 수많은 사람들 중 일부일 뿐이고 그들 역시 하

루에도 몇 백 명의 사람들을 만나니 다 기억하고 친해지기는 힘들어.

나도 먼저 나서서 친한 척을 하는 성격이 아니라서 방송국에서 일하면서 연예인을 만날 기회는 많았지만 친해질 수 있는 기회는 별로 없었어. 이제 와서 생각해 보니 참 아쉽다. 그렇지?

하지만 연예인과 친해질 수 있는 방법은 알고 있지. 그 방법을 말해 주기 전에 이야기를 하나 들려줄게.

너희가 보는 연예인은 어떠니? TV에 나와서 멋진 모습을 보여주고 화려한 생활을 하면서 많은 사람들의 인기를 독차지하는 근사한 사람들이지? 신 나게 놀면서 예쁜 옷도 실컷 입고 방송을 하면서 돈도 많이 버는 그런…….

이렇게 생각한다면 큰 오해야. 연예인들이 시청자들에게 멋진 모습을 보여주고 사랑받기까지 얼마나 많은 노력을 하고 절제된 생활을 해야 하는지 아마 상상도 못할 거야. TV에서 장난치고 놀면서 돈을 버는 것 같아 보이지만 그 장난으로 보이는 행동을 만들기 위해 연예인들은 수없이 생각하고 준비하면서 스트레스를 받아.

혹시 내 인기가 떨어지면 어떻게 할까? 내가 말한 이야기가 재미없어서 편집되면 어쩌지? 등등 수많은 스트레스를 이겨 내야 해. 그래서 더 외로운 직업이기도 하지.

방송 작가는 이런 연예인들과 가까운 위치에서 일하는 직업이란다. 때론 함께 아이디어를 짜내기도 하고 말이야. 그래서 연예인과 친해지기 쉬운 직업이기도 해. 이쯤에서 연예인과 친해지는 비법을 공개할게.

　아주 간단해. 마음으로 대하기. 연예인도 우리와 같은 사람이고 스트레스를 더 많이 받는 외로운 사람들이다 보니 진정 자신을 이해해 주고 챙겨 주는 사람에게 마음을 열지 않을 수가 없는 거야.

　예전에 내가 작가로 있던 프로그램의 MC인 한 영화배우는, 몇 년 동안을 함께 방송했지만 그냥 인사 정도만 하던 나와는 달리 한 달 같이 일했지만 '언니'라고 부르며 따르던 다른 작가와는 친해져서 집까지 놀러 가는 사이가 되더라구.

　비단 연예인뿐만 아니라 누구든지 마음을 열어 친절하게 대하면 쉽게 친해질 수 있을 거야. 가장 쉬울 것 같지만 어려운 방법이지? 그러니 지금부터 너희 주위 사람들과 마음으로 친해지는 연습을 해 보는 것은 어떨까?

　미래의 어느 날, 방송 작가가 된 너의 생일에 수많은 연예인들이 와서 축하를 해 주는 꿈같은 일이 일어날 수도 있을 테니까.

지성에 예능감은 기본, 아나운서가 되고 싶니?

아나운서를 꿈꾸는 친구들에게

뉴스는 자주 보니? 너희는 뉴스에 별로 관심이 없지?

그래, 나도 어릴 적에 '저렇게 딱딱하고 재미없는 뉴스를 왜 보는 거야?', '뉴스는 꼭 저렇게 아나운서가 회사원 같은 옷을 입고 가만히 앉아서 굳은 표정으로 진행해야 돼?', '연예인처럼 파격적인 옷도 입고 춤을 추거나 이야기하듯 편하게 진행하면 안 되는 거야?' 이런 생각을 했었어.

맞아. 지금이나 예전이나 어린이들에게 뉴스는 정말 재미없는 프로그램이야. 왜 뉴스는 딱딱하고 재미없는 건지, 또 아나운서를 꿈꾸는 친구들을 위해서는 아나운서가 되려면 어떤 준비와 노력을 해야 하는지 알려줄게.

예전에는 보도국이라는, 기자들이 일하는 사무실을 배경으로 실시간으로 들어오는 뉴스들을 바로바로 건네받아서 시청자들에게 전달하곤 했어. 현장감 있는 진행이었겠지? 하지만 요즘은 아나운서가 뉴스를 진행하는 스튜디오를 따로 만들어서 진행을 한단다.

이 스튜디오를 뉴스데스크라고 부르는 거야. 뉴스를 진행하는 아나운서는 앵커라고 부르지.

아나운서는 뉴스뿐 아니라 스포츠나 행사의 실황을 중계하고 쇼 프로그램이나 토론회의 사회를 보기도 해. 때론 성우처럼 화면에 목소리를 입히는 내레이션을 하는 등 방송의 많은 분야에서 활동하는 직업이야.

그럼, 우리나라의 아나운서는 언제부터 있었을까? 우리 할아버지의 할아버지가 살았던 1930년대 경성 방송국에서부터 아나운서들이 활동을 시작했어. 일본의 통치를 받던 식민지 시절이니 방송을 하면서 우리말을 잊지 않고 지키려는 노력을 많이 했다고 해.

그땐 우리나라를 지배하고 있던 일본이 우리 민족에게 우리말을 쓰지 못하게 하고 일본 사람이 된 것처럼 일본어와 일본 이름을 강제로 쓰게 만들었거든.

실제로 광복 이후에 우리말을 잊어버린 사람들도 많았어. 그런 사람들에게 우리말을 다시 찾아 주는 일도 하고, 6.25 전쟁이 났을 때는 빗발치는 포화 가운데서 방송을 이어가는 투혼을 보여 주기도 했대. 아나운서, 알고 보니 독립투사만큼 정말 대단한 직업이었지?

어때? 아나운서에 대해서 더 알고 싶은 게 많아졌니? 그럼, 나와 함께 아나운서실 문을 두드려 볼래?

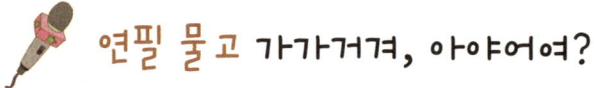 연필 물고 가가거겨, 아야어여?

정중하게 노크를 하고 들어선 아나운서실은 너희가 보고 실망할지도 몰라.

그냥 TV에서 보던 일반 회사의 사무실과 별반 다를 게 없거든. 수많은 책상이 있고 그 책상들의 주인인 아나운서들이 방송 준비를 하거나 빈 책상만 남아 주인을 기다리는 광경이 보일 거야.

하지만 이 별것 아닌 것 같은 책상 하나를 차지하려면 1000대 1의 경쟁률을 뚫어야 해. 엄청난 경쟁률이지?

그만큼 아나운서의 꿈은 이루기 쉽지 않을 수도 있어. 매년 방송사마다 새로운 아나운서를 선발하지만 대여섯 명의 신입 아나운서를 뽑는 자리에 몇 천 명의 지원자가 몰리니 말이야.

아나운서는 어떻게 선발할까?

먼저 아나운서가 되려면 자격이 필요한데 4년제 대학을 졸업해야 하고 토익, 텝스, 토플이라는 영어 성적과 대한민국 국민으로서 한국어를 어느 정도 할 수 있는지를 증명할 한국어 능력 시험이라는 것을 봐 둬야 해.

이렇게 아나운서 시험을 볼 준비가 됐다면 각 방송사에서 매년 4월부터 실시하는 아나운서 공채 시험을 치를 수 있어.

아나운서 시험은 방송사마다 조금씩 다르지만 1차 서류 전형과 간단한 카메라 테스트, 2차 필기시험, 3차 실무 능력 평가, 4차 최종 면접 이렇게 네 단계로 이루어져 있어. 각 단계를 통과해야만 다음 단계의 시험을 치를 수 있는 자격이 주어진단다. 너무 어렵다고? 걱정 마. 쉽게 설명해 줄게.

1차 시험에서는 아나운서가 되기 위해 준비한 학점, 영어 점수, 한국어 점수, 자기 소개서 등의 자격들을 서류로 내고 카메라 앞에서 짧은 뉴스 원고를 읽게 해. 여기서 가장 많은 인원이 탈락하지.

그리고 2차는 필기시험이야. 아나운서가 되려면 뉴스 진행만 잘하면 되는 게 아니라 사회의 여러 방면, 특히 시사적인 문제에 능통해야 하거든. 필기시험은 제시된 주제에 맞춰서 논술 시험을 보는 거야. 그러니 아나운서가 되려면 글 쓰는 연습도 꾸준히 해 둬야겠지?

이렇게 논술 시험까지 무사히 통과했다면 3차 실무 능력 평가를 해. 카메라 앞에서 원고를 읽는 것만 아니라 리포터 역할을 맡아 본다든가 예능 프로그램의 MC가 되어 보라는 주문을 받을 수도 있으니 미리 대비를 해야 하고, 이때 평소 가지고 있던 장기를 선보이는 것도 좋아. 요즘은 아나운서들의 활동 폭이 넓어졌기 때문에 노래나 춤 등 잘하는 것 하나를 갈고 닦아서 보여 주면 유리한 점수를 받을 수 있거든.

이렇게 3차 시험을 통과하면 4차 최종 면접을 보고 신체검사를 통해서 비로소 아나운서라는 이름을 달게 되는 거야. 아나운서가 되는 길도 참 복잡하지? 그만큼 오랜 준비가 필요한 직업이 바로 아나운서란다.

발음 연습하고 외모만 가꾼다고 아나운서가 될 수는 없어. 아나운서가 되기 위해 가장 중요한 것은 너희의 뇌를 살찌게 하는 많은 지식과 논리적인 사고란다. 지금 거울 앞에서 연필을 입에 물고 가갸거겨 아야어여 발음 연습을 하고 있니? 그보다 먼저 신문을 읽고 책을 읽어서 지식을 쌓는 일이 더 중요하다는 것을 명심해.

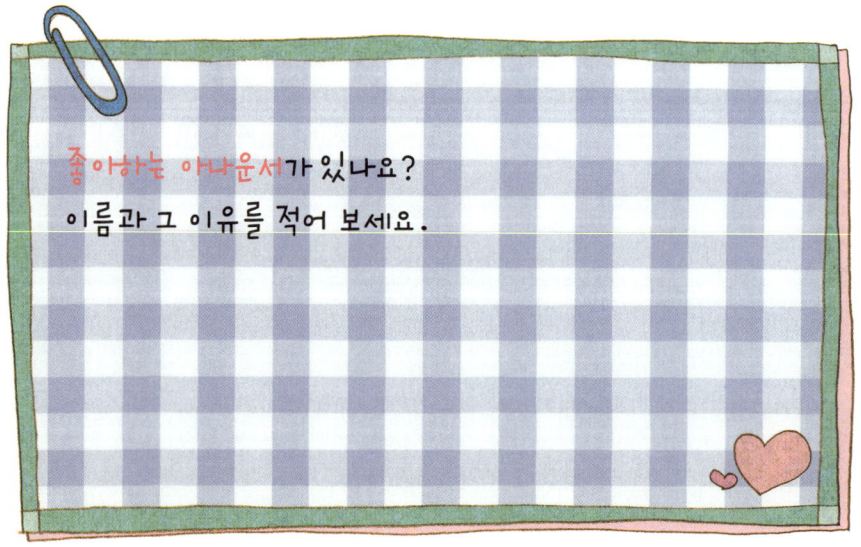

좋아하는 아나운서가 있나요?
이름과 그 이유를 적어 보세요.

 아나운서도 연예인?

요즘은 아나운서도 연예인 못지않은 인기를 누리고 있어.

몇몇 아나운서들은 팬카페도 여러 개 가지고 있을 정도로 인기가 많지.

어떤 아나운서들은 연기자보다 더 연기를 잘해서 아예 탤런트나 영화배우로 직업을 바꾸는 경우도 있지. 이렇게 아나운서가 뉴스만 진행하는 앵커로서의 역할 뿐 아니라 드라마, 쇼, 오락 프로그램 등으로 진출을 하면서 자신만이 가진 매력과 끼를 발휘해서 많은 인기를 얻고 있는 것이 사실이야.

이렇게 아나운서는 연예인 못지않게 많은 사람들로부터 주목을 받는 직업이지. 그래서 더 모범이 돼야 하는 직업이고.

연예인들이 TV에 하고 나오는 머리 모양이나 옷이 유행하고 그들의 말투를 많은 사람들이 재미로 따라하듯이 아나운서들의 말투도 실제 일반 시청자들에게 큰 영향을 끼치게 돼.

아나운서가 너희나 친구들이 주로 쓰는 인터넷 용어나 속어를 쓴다면 어떨까? 뉴스를 보는 많은 사람들이 그 뜻을 이해하지 못하는 경우가 생기겠지?

특히 한국어 능력을 기본으로 갖추고 있어야 하는 아나운서라면 바르고 고운 우리말을 써서 많은 사람들의 모범이 되어야 해. 걸어 다니는 국어사전 정도는 되어야 하지 않을까? 아나운서가 은어나 속어를 써서 방송을 한다면 얼마나 신뢰도가 떨어지고 꼴불견이겠어.

그런데 이런 비속어를 쓰는 습관은 하루아침에 고쳐지지 않아. 어린 시절부터 바른 말 고운 말을 쓰는 습관이 들어야 나중에 아나운서가 되어서도 자연스레 바른 말을 쓸 수 있게 되는 거란다.

연예인 뺨치는 인기를 누리는 아나운서의 매력은 뭘까? 말끔하고 아름다운 외모뿐 아니라 밝은 미소를 머금은 듯 사람을 기분 좋게 하는 목소리가 아닐까 싶어.

혹시 자신의 목소리를 들어 본 적 있니? 만약 너희가 말하면서 듣는 목소리와 다른 사람이 듣는 목소리가 다르다면 어떻겠니? 확실히 내가 듣는 내 목소리와 남이 듣는 내 목소리는 달라.

내가 듣는 내 목소리는 두개골로 연결된 청신경에 의해서 듣게 되기 때문에 실제의 내 목소리보다 울림이 있는 목소리로 들리는 거야.

쉽게 확인하는 방법으로는 목소리를 녹음해서 들어 보면 알 수 있어. 녹음된 내 목소리를 처음 들었을 때는 정말 충격의 도가니였어.

녹음기에 대고 이런 말이 저절로 나오지. "누구냐……너?"

나는 최대한 정확한 발음으로 예쁜 목소리를 내서 이야기했는데 녹음된 내 목소리는 발음도 아주 부정확하고 목소리는 너무 이상하고 어색한 거야.

아나운서가 되고 싶은 어린이들은 자기 목소리를 녹음해서 자꾸 들어 보는 것이 좋아. 차츰 녹음하고 듣는 방법을 되풀이하면서 자연스레 발음도 교정되고 목소리도 달라질 거야.

책이나 신문 등을 읽으면서 녹음하거나, 실제 아나운서가 된 듯이 인터넷 뉴스 기사를 읽어 보면서 녹음하는 것도 좋아.

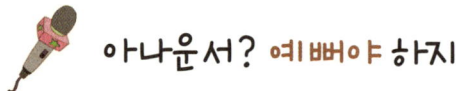 아나운서? 예뻐야 하지

혹시 너희 중에 아나운서가 꼭 되고 싶은데 주위 사람들 눈치 보느라고 말 못하는 친구들이 있니?

'네 얼굴에 아나운서를 꿈꾸다니 정말 미친 거 아냐?', '거울도 안 보고 사니?', '세상에 너처럼 키 작고 못생긴 아나운서가 어디 있니?' 등등 날아올 비난의 화살 때문에 두려워서 그 꿈을 꼭꼭 숨기고 있는 친구도 있을 것 같아.

정말 아나운서는 예쁘고 잘생겨야만 할 수 있을까?

그건 정말로 오해야. 아나운서는 키나 몸무게 기준이 있는 것이 아니야. 너희가 생각하는 것만큼 외모가 큰 비중을 차지하지 않는 거지.

그럼 어떻게 방송에 나오는 아나운서들은 하나같이 예쁘고 잘생겼냐구?

일단 아나운서가 되면 많은 관리를 받게 돼. 방송국 안에 분장

팀과 의상 팀이 있어서 연예인처럼 때와 장소에 맞는 옷과 화장, 머리 모양을 손질해 주지. 아나운서는 배우처럼 예쁘고 잘생긴 외모보다, 신뢰감을 주고 친근해 보이는 외모를 더 중시해.

지금은 많이 달라졌지만 예전의 남자 아나운서들은 옆으로 가르마를 탄 일명 '2대 8 머리'를 주로 했어. 이런 머리 모양이 단정하고 신뢰감을 준다고 여겼기 때문이야.

여자 아나운서들도 긴 머리를 늘어뜨리거나 화려한 스타일을 할 수 없어. 뉴스를 보는데 내용보다 아나운서의 화려한 외모에 더 신경이 쓰인다면 뉴스를 잘 전달할 수 없겠지? 그래서 아나운서의 외모는 연예인처럼 잘생기고 예쁜 것보다 신뢰감 있고 단정한 스타일의 외모가 더 적합하다고 봐.

무엇보다 정확한 뉴스를 전달해야 하는 역할과 방송을 이끌어 가면서 내 이야기를 하기보다 상대방의 이야기를 들어주는 진행자의 역할을 하는 것이 아나운서니까.

자, 이제 거울을 보고 '쳇! 내 얼굴은 아나운서가 되기에는 너무 평범하잖아!'라고 실망하지 말고 거울에 비친 내 표정이 얼마나 보기 좋은지, 기분 좋아지는 미소를 연구해 보면 어떨까? 거울을 보면서 원고를 읽어 보는 연습을 해도 좋겠어.

또 미리부터 아나운서의 꿈을 구체적으로 다져 나가고 싶다면 학교 방송반에 들어가서 아나운서로 활동하는 것도 큰 도움이 될 거야.

요즘은 외모도 강력한 무기가 되는 세상이니까 건강하게 틈틈이 자기 관리를 해야 하는 것도 알고 있지?

예비 아나운서가 준비해야 할 것들

바르고 단정한 자세 : 잘못된 자세는 척추를 휘게 만들어 몸의 바른 성장을 방해하고 어릴 적 버릇이 평생 가기 때문에 바른 자세로 생활하는 것이 중요해.

고운 말 쓰기 : 비속어나 은어를 쓰지 않도록 노력하고 바른 말 고운 말을 쓰는 습관은 아나운서가 꿈이라면 꼭 지켜야 하지.

정확한 발음 : 아나운서의 생명은 정확한 전달력. 책을 소리 내어 읽는 연습이 큰 도움이 될 거야.

간결하고 명확한 글쓰기 : 아나운서는 요점 정리의 달인. 긴 글이나 어떤 일에 대해서 짧고 명료하게 정리해 글 쓰는 연습을 하자.

세상에 대한 폭넓은 관심 : 세계 곳곳에서 일어나는 일을 대신 전하는 아나운서는 그만큼 폭넓은 지식과 세상과 사람들에 대한 관심이 있어야 해.

생생한 소식통 방송 기자 따라잡기

　신속하고 정확한 뉴스를 위해 아나운서와 함께 뉴스를 전달하는 또 다른 사람이 있지?
　그래, 바로 기자. 그 기자를 꿈꾸는 친구들도 분명 있을 거야.
　'기자' 하면 어떤 모습이 떠오를까?
　난 말이야, 사건이나 사고 현장에서 긴급하게 인터뷰를 하거나 상황을 전달하는 기자들보다 먼저 떠오르는 한 사람이 있어.
　2010년 1월 함박눈이 펑펑 내리던 겨울, 내리는 눈을 온몸으로 맞으면서 점점 눈사람처럼 변해 가던 한 기자. 너희도 들어 봤지? 박대기 기자라고.
　그 기자는 폭설 보도 하나로 일약 스타 기자가 되었어. 그 보도 모습이 중학교 교과서에 실리기도 했대.
　시청자들은 왜 그 기자를 좋아하게 됐을까? 바로 폭설에도 굴하지 않고 뉴스를 보도하겠다는 강인한 기자 정신과 우직함, 이것이

박대기 기자를 응원하게 된 이유일 거야.

그 기자를 보고 난 뒤부터 기자라는 직업이 듬직하고 믿음직스러운 직업이라는 것을 다시 한 번 깨닫게 됐으니까.

그럼, 신문이나 인터넷의 뉴스를 취재하는 기자와 방송 기자는 어떻게 다를까?

둘 다 새로운 뉴스를 생생하고 빠르게 전달하는 직업이라는 것은 같아. 하지만 신문 기자가 사건 사고 현장에서 뉴스를 취재하고 신문이나 인터넷으로 보내면 끝인 것에 비해서 방송 기자는 현장을 카메라로 촬영해 취재를 한 뒤 방송국으로 가서 편집과 녹음, 자막 등등의 뉴스 화면을 만들어야 임무가 끝나지.

신문 기자도 하는 일이 참 많지? 너희가 방송 기자가 되고 싶다면 꼭 갖춰야 할 습관이 있어.

혹시 TV뉴스나 드라마에 나오는 기자의 모습을 본 적 있니?

작은 수첩을 들고 뭔가를 열심히 쓰는 모습도 본 적 있지? 기자는 진실을 보는 눈을 갖추기 위해서 커다랗고 열린 귀를 가지고 여러 사람의 이야기를 들어야 해. 그래야 누구 말이 진실이고 또 누구의 말이 거짓인지 판단할 수 있으니까. 그러기 위해서는 꼼꼼하게 메모하는 습관이 중요해.

덜렁거리는 성격이라면 차분히 앉아서 생각도 많이 하고 꼼꼼하게 메모도 하는 습관을 길러서 진실을 보는 눈을 갖춰 나가야 해.

기자는 취재한 기사를 자신의 이름을 걸고 책임을 져야 할 때가 많아. 잘못된 보도로 억울한 사람이 생기면 안 되니까 진실을 꿰뚫어 보는 냉철한 눈이 꼭 필요하단다.

또한 당연히 신문이나 뉴스를 자주 챙겨 보고 똑같은 내용의 사건을 기자마다 어떻게 다르게 보도를 하는지 비교해 보는 것도 중요한 공부가 될 것 같아.

자, 기자를 꿈꾸는 너! 진실을 보는 눈, 갖고 싶지 않니?

나는야 꼬마 기자!

기자를 꿈꾸는 어린이라면 실제 어린이 기자를 모집하는 곳에 신청해서 어린이 기자단으로 활동할 수도 있단다.

- 통일부 어린이 기자단
  http://kidnews.unikorea.go.kr
- 국토해양부 어린이 기자단
  http://cafe.naver.com/mltmchildrepoters
- 어린이들이 만드는 어린이 신문 여럿이 함께
  http://cafe.daum.net/yhamgge

 슈퍼맨보다 더 용감한 그 이름, 기자

이 세상에서 가장 용감한 사람은 누구일까?

바지 위에 팬티를 입는 슈퍼맨? 거미처럼 벽을 타는 스파이더맨? 박쥐 영웅 배트맨? 아니면 강철 심장 아이언맨? 영화나 만화 속 슈퍼 히어로들이 정말 이 세상에서 가장 용감할까?

아, 그러고 보니 슈퍼맨도 평소에는 기자라는 직업을 갖고 있는 영웅이구나. 도수 높은 뿔테 안경을 쓰고 어눌한 말투로 이야기하며 특종도 못 잡는 무능한 기자 '클라크'가 파란색 쫄쫄이 바지 위에 빨간 팬티를 입는 순간, 두려울 것도 무서울 것도 없는 절대강자 슈퍼맨이 되잖아.

참, 스파이더맨의 '피터'도 원래 직업이 사진을 찍어서 신문사에 보내는 사진 기자였지. 이런 설정도 기자라는 직업의 특별함 때문에 만들어진 것 아닐까?

슈퍼 히어로들이 도움이 필요한 곳이라면 물불을 가리지 않고

　어디든 달려가서 싸우듯이, 기자도 특종이 있는 곳이라면 언제 어디라도 달려가서 취재를 해야 하는 공통점이 있어.

　총알이 날아다니는 전쟁터를 취재해야 할 때도 있고, 쓰나미가 몰아치거나 불이 난 장소에 달려가야 할 때도 있을 거야.

　이런 위험한 상황에도 거침없이 찾아가는 기자들이 있기 때문에 우린 집에서 편안하게 뉴스를 통해 전쟁터나 자연재해를 입은 곳, 커다란 사고가 일어난 곳의 현장을 생생하게 볼 수 있는 것이란다.

　어때? 기자라는 직업은 막연하게 멋져 보이고 똑똑해 보여서 꿈꿀 만한 직업은 아니란 걸 알겠니? 기자는 취재는 물론이고 밤을 새워 일한다거나, 먼 나라에 특파원으로 파견될 때도 남녀 모두에게 평등한 기회와 역할이 주어진다고 해. 이런 용맹함을 갖춰야 하는 방송기자도 아나운서 못지않게 경쟁률이 치열한 직업이야. 방송사에서 매년 뽑는 기자들의 숫자는 제한되어 있고 기자에 도전하는 사람들은 아주 많거든.

신문사 기자와 달리 방송 기자는 필기시험을 보고 난 뒤 아나운서처럼 카메라 테스트를 해. 카메라 앞에서 뉴스를 신속 정확하게 전달하는 것이 기자의 역할이니까 발음과 전달력이 중요하겠지?

보통 짧은 기사 몇 개를 주고 읽는 것을 시키면서 카메라 테스트를 하는데 어떤 경우는 간단한 기사를 작성하도록 시키기도 해.

이때 평소 시사 문제에 관심이 많고 능통하면 유리하겠지? 그동안 얼마나 사회에 관심이 있고 뉴스를 많이 봤는지 심사 위원들이 테스트하게 될 테니까.

지금 너희가 할 수 있는 준비는 뭐가 있을까? 재미있는 것이 생각났어. 캠코더나 스마트폰을 이용해 가족 뉴스를 만들어 보는 것은 어떨까?

이번 주에 우리 가족의 가장 큰 사건은 무엇이고, 어떤 새로운 일이 생겼는지 기사를 작성하고 동영상으로 만들어 보는 거야.

어제 늦게 퇴근하신 아빠가 화가 난 엄마를 위해 설거지하는 모습을 취재하고, 동생이 밤낮으로 열심히 피아노 연습을 하는 바람에 옆집 주민에게 시끄럽다고 항의받은 이야기, 시험 성적이 올라서 놀이동산에 가게 된 이야기 등…….

우리 가족에게 일어난 여러 가지 일들을 기사로 간단하고 명확하게 정리하고 가족들의 인터뷰와 모습을 촬영하면 재미있는 우리 집 뉴스가 되겠지? 안 그래? 꼬마 기자님?

5장
스튜디오의 거대한 눈, 카메라 감독이 되고 싶니?

카메라 감독을 꿈꾸는 친구들에게

 방송 스튜디오는 어떻게 생겼을까?
 수많은 방송 프로그램과 드라마가 탄생하는 곳이니 뭔가 특별한 게 있을 것 같지? 내가 처음 작가가 되고 나서 방송 스튜디오에 들어갔을 때 너무나 놀랐어. 녹화가 없는 스튜디오는 그야말로 암흑의 공간이었거든.
 아무것도 없는 커다란 빈방.
 하지만 이 빈방은 녹화를 준비하면서 울트라 삼단 입체 변신을 하게 돼.
 빈방에는 방송 프로그램의 배경이 되는 무대가 세트 팀에 의해서 뚝딱 마련되고, 그 위에 소품 팀이 가져다 놓은 물건들이 들어차고, 조명 팀에 의해서 하나둘 빛이 밝혀진단다. 컴컴하고 무서운 암흑의 공간이 방송 프로그램이 녹화되는 화려한 무대로 변신하는 거야.
 이 무대 위에 분장 팀에게 분장과 의상을 점검받은 출연자가 등장하고 PD의 진행 아래 작가가 만든 대본으로 녹화는 시작돼. 그 사이 오디오 팀이 소리를 녹음하고 말이야.

자, 이 과정에서 가장 중요한 한 가지가 빠졌어.

그래, 시청자들의 눈이 되어 줄 카메라야. 카메라가 등장해 이 모든 상황을 촬영해야 프로그램이 녹화되고 여러 단계의 작업을 거쳐서 시청자들의 TV로 전달되는 거야.

카메라는 스튜디오 안의 거대한 눈이라고 말할 수 있지.

그 눈을 조종하는 것이 바로 카메라 감독이고 말이야. 카메라 감독은 어떤 각도에서 어떻게 출연자를 보여 줘야 더 효과적인지를 연구해서 최고의 화면을 시청자들에게 선물하는 사람이야.

우리의 눈을 대신한다고 볼 수 있을 만큼 중요한 역할이기에 방송 스튜디오 안에서뿐만 아니라 방송의 소재가 되는 어떤 곳에서도 카메라 감독의 역할은 매우 중요해.

같은 사람을 찍더라도 그 사람의 마음까지 들여다보는 감동을 줄 수 있도록, 실제 그 자리에 함께 있는 것 같은 현장감이 느껴지도록 촬영하는 남다른 기술이 있어야 진정한 카메라 감독이라고 할 수 있거든.

감동과 현장감. 어렵지? 누구보다 바쁜 카메라 감독의 세계도 함께 구경해 볼까? 어떤 치열하고 어려운 상황으로 너희를 데려갈지 모르니까 마음의 준비 단단히 하고 따라와~!

무거운 돌을 지고
100미터를 10초에 돌파하라!

방송 스튜디오에서 쓰는 카메라는 보통 사람의 키만큼 거대하고 무겁단다. 그래서 바퀴가 달린 상태로 밀고 다니면서 조종을 해.

물론 방송에 쓰이는 카메라가 다 똑같은 것은 아니야. 촬영 장소와 상황에 따라 카메라의 크기도 달라지는데, 카메라맨들이 주로 사용하는 카메라는 어깨에 얹고 촬영하는 ENG 카메라야.

이 카메라는 사건 현장을 담아야 하는 뉴스나 다큐멘터리와 같은 프로그램에 자주 쓰이고 출연자들이 야외에서 진행하는 프로그램에 쓰이기도 하지.

카메라 감독은 야외에서 일어나는 상황들을 빠르고 정확하게 이 ENG 카메라에 담아야 하는데, 문제는 이 카메라가 정말 크고 무겁다는 거야.

무게가 14킬로그램이 넘는 카메라를 어깨에 메고 촬영하는데 보통 사람들 같으면 이 카메라를 그냥 어깨에 얹고만 있어도 참 힘들 거야.

하지만 카메라 감독은 이 무거운 카메라를 어깨에 얹고 다급한 상황에는 전속력으로 달리면서 촬영을 해야 해. 위험천만한 상황이 닥쳐도 몸과 카메라가 마치 하나인 것처럼 움직여야 하니 정말 대단하지?

무거운 돌을 지고 100미터를 10초 안에 뛰라면 너희는 어떻겠니? 할 수 있겠어?

카메라 감독은 이런 지령을 매일 받는다는 생각으로 일을 하는 직업이야.

강철 같은 체력이 뒷받침되어야만 가능하겠지? 카메라 하나도 못 들어 쩔쩔매는 약골이라면 카메라 감독으로서의

자질은 부족하다고 봐.

무거운 카메라를 메고 달리기를 할 뿐 아니라 에베레스트 산 같은 높은 곳에 올라갈 수도 있고 남극처럼 추운 곳, 깊고 깊은 물속, 뜨거운 화염 근처에서 촬영을 해야 하는 위험한 경우도 많기 때문에 매우 용감해야 해.

마치 119 대원처럼, 때론 슈퍼맨처럼 어디든지 달려가 필요한 장면을 촬영해야 하는 게 카메라 감독의 임무야.

이런 위험한 직업을 왜 선택하냐고?

카메라는 인물, 배경, 사건만 촬영하는 게 아니라 이 세상 모든 것을 카메라에 담을 수 있어. 심지어 날아다니는 먼지까지 찍을 수 있지.

위험한 상황에 처하더라도 남들이 가 보지 못한 곳, 본 적 없는 것을 촬영하면서 뿌듯함과 직업에 대한 자부심이 느껴진다고 해.

어때? 엄청난 도전 정신이 필요한 직업이라 더 멋지지 않니?

카메라 감독은 방송국의 화가

카메라 감독은 힘만 세고 도전 정신만 투철하면 누구나 할 수 있는 직업일까?

설마, 너희 정말 그렇게 생각하는 것은 아니겠지?

카메라 감독은 누구보다 뛰어난 안목이 필요한 직업이야. 카메라를 통해 세상을 보는 만큼 카메라 감독의 눈은 카메라와 맞춰져 있어야 해. 세상을 카메라, 즉 영상이 나타나는 화면의 틀 안에 맞추고 좀 더 나은 각도와 구도를 찾아내는 센스가 있어야 한단 말이지.

또 어려운 말을 한다고? 예를 들어 볼게.

한 송이 장미가 피어나는 장면을 촬영한다고 치자. 카메라를 오랫동안 설치해 두고 장미가 피어나는 과정을 촬영해야 하는데 어떤 방향에서 어떤 각도로 촬영을 해야 가장 아름다운 장면이 나올지를 카메라 감독이 판단하는 거야.

너희가 스케치북에 그림을 그릴 때 집은 어디, 바다는 어디, 이렇게 위치를 정해서 그림을 그리듯 카메라로 찍는 영상도 위치와 구도를 정해서 촬영하는 거야. 장미가 한 겹 한 겹 꽃 봉우리를 터뜨려 탐스러운 꽃송이가 되는 장면을 태양이 뜨는 각도로 촬영을 할 것인지 장미 아래를 분주히 움직이는 개미와 작은 벌레들을 배경 삼아 촬영할 것인지를 결정해서 가장 아름다운 그림을 만들어 내는 감각이 카메라 감독에게는 무엇보다 필요해.

그래서 카메라 감독은 그림을 그리는 화가와 비슷하다고 할 수 있지. 화가가 그림을 그릴 때 그림의 구도와 배치 등을 생각해 그림을 그리듯 카메라 감독도 렌즈라는 도화지 안에 인물이나 사물, 배경 등으로 그림을 그려 넣어야 하기에 미적인 감각이 뛰어나야 해.

가끔 다큐멘터리를 보면 놀라운 장면이 많잖아. 사람의 눈으로는 볼 수 없는 미세하고 정교한 장면들을 카메라 렌즈는 놓치지 않고 찍어 내지.

그런 놀라운 장면, 그림들이 모두 카메라 감독이 그려 내는 또 하나의 작품이라면 카메라 감독은 방송국 안의 화가라고 말할 수 있지 않겠어?

 뉴스를 영화처럼 촬영하기

뉴스를 보면 어떤 장면은 내가 그곳에 가 있는 것처럼 실감 나는 경우가 있지?

큰 건물에 불이 나서 사람들이 대피를 한다든지, 쓰나미가 밀려와 많은 집과 건물, 사람들이 쓸려 나가는 장면도 마치 내가 그 현장을 보고 있는 것처럼 두려움을 느끼게 하지.

이런 장면들이 바로 카메라 감독이 목숨의 위협을 느끼면서 찍은 현장감 있는 화면들이야.

하지만 가끔 뉴스를 보고 있으면 방송국은 다른데 마치 한사람이 촬영한 듯 똑같은 화면이 나올 때가 있어. 같은 장소에서 같은 상황을 촬영했다고 해도 복사한 듯 똑같은 화면에 아쉬움이 느껴지기도 하지.

이럴 때 뉴스를 영화의 한 장면처럼 찍으면 어떨까 하는 생각을 해 보게 돼. 너희 생각은 어때? 가능할 것 같지 않니?

　느긋하게 각도를 생각하고 장면을 연출해서 촬영하면 뉴스도 영화처럼 멋진 화면을 보여 줄 수 있을 텐데 말이야.
　하지만 현실은 그렇지 않아.
　실제로 1분 1초를 다투는 속보를 촬영하는 장소에서는 분위기가 정말 살벌해. 수많은 프로그램의 카메라 감독들이 남보다 조금 더 좋은 장면을 담기 위해 좋은 자리를 먼저 차지하려고 심지어 몸싸움을 하는 경우도 있거든. 이 치열한 상황에서 혼자 각도를 연구하고 장면을 연출하는 예술을 하다가는 한 장면도 찍지 못하고 허탕만 치게 될 거야.

그래서 카메라 감독은 상황을 빠르게 판단할 수 있는 능력이 있어야 돼.

뉴스 화면을 촬영할 때는 카메라 렌즈가 매의 눈보다 정확하고 날카로운 눈이 돼서 상황을 있는 그대로 담아야 하니까 드라마나 쇼, 오락 프로그램과는 달리 신속하고 정확한 판단이 필요하지.

요즘 너희도 휴대 전화 하나씩 가지고 있지? 휴대 전화에는 카메라가 있어서 동영상 촬영도 가능하고 말이야. 그렇다면 하루에 한 가지씩 주제를 정해서 촬영하는 연습을 해 보자.

오늘은 '웃음'이라는 주제를 정해 두고 웃는 친구, 엄마, 동생, 이웃 등등의 모습을 담아 보고, 내일은 '계절'이라는 주제를 정해 자연, 사람, 하늘 등을 찍어 보는 건 어떨까?

참 재미있겠지? 그렇다고 무턱대고 아무나에게 막 카메라를 들이대면 안 돼. 찍어도 좋은 것이 있고 찍어선 안 될 것들이 있잖아.

이런 판단조차도 카메라 감독이 되기 위한 좋은 훈련이 될 거야.

 **소리를 쥐락펴락 음향 감독의 세계**

카메라 감독뿐 아니라 방송국에는 참 많은 감독들이 있단다.

방송 프로그램에 소리를 담아내는 음향 감독도 있고 또 빛을 담당하는 조명 감독도 있지. 먼저, 소리를 다스리는 음향 감독에 대해 알아볼까?

음향 감독은 방송에 나오는 모든 소리를 쥐락펴락하는 능력자야.

심지어 없는 소리를 만들기도 하고 있는 소리를 없애기도 하지.

자, 드라마의 경우를 한번 생각해 보자. 폭포수가 콸콸 쏟아지는 계곡의 바위 위에서 주인공이 검술 연습을 하고 있어. 이 장면에서는 어떤 소리가 날까?

실제로 그런 상황이라면 폭포의 물소리 밖에 안 들릴 거야. 하지만 주인공이 열심히 연습하고 있다는 것을 강조하기 위해서는 물소리보다 주인공이 휘두르는 검의 소리가 더 크게 나야겠지? 슝슝~ 허공을 가르는 매서운 소리 말이야. 이럴 때 음향 감독은 폭포 소리를 줄이고 검 휘두르는 소리를 크게 키우지.

실제 검을 휘두르면 소리가 날까? 그것도 음향 감독의 역할이야. 처음엔 낚싯대를 휘두르는 소리를 대신 녹음해서 썼다는데, 요즘은 자주 사용되는 소리들을 따로 모아 놓고 꺼내 쓴다고 해.

이렇게 음향 감독은 방송 프로그램의 성격과 상황에 맞는 소리들을 만들거나 없애거나 끼워 넣는 일을 해.

출연자들의 목소리를 담기도 하고 멋진 배경 음악을 입히기도 해서 프로그램에 없어서는 안 될 완벽한 소리를 만들어 내지.

음향 감독은 우선 소리를 녹음하고 만들어 내고 섞어 주는 기계와 친해져야 해.

주변에 유난히 기계를 잘 다루는 친구들 있지? 컴퓨터나 휴대 전화를 척척 다루고 어려운 프로그램도 잘 이용하는 친구들, 그런 친구들이 음향 감독을 하면 아주 잘할 것 같아.

또 음향 감독은 미세한 소리를 잡아내는 능력도 중요해.

출연자의 목소리에 다른 소리가 섞여 들어가거나 필요 없는 소리들이 녹음되는 경우도 있기 때문에 그것을 잡아낼 수 있는 뛰어난 청력을 지닌 친구라면 아주 유리하겠지?

또 남다른 감각과 센스도 필요해. 어떤 장면에 어떤 음악이 들어가면 좋을까 하는 연구도 많이 해야 하거든. 평소 음악을 좋아하고 자주 듣는 친구라면 즐겁게 일할 수 있는 직업이 아닐까 싶어.

같은 장면이라도 어떤 소리나 음악이 들어가느냐에 따라서 그 분위기가 달라지거든.

혹시 음악을 들으면서 비 오는 것을 본 적 있니? 또는 비 오는 날에 잘 어울린다고 생각하는 음악이 있니? 그런 생각을 할 만큼 감수성이 뛰어난 친구라면 음향 감독이 될 기본이 갖춰져 있다고 생각해.

음향 감독이 되고 싶은 친구들, 지금부터 다양한 음악을 듣고 주위의 수많은 소리에 귀 기울이는 연습을 해 보는 것은 어떨까?

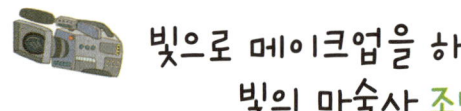
빛으로 메이크업을 하는 빛의 마술사 조명 감독

조명 감독에 대해서 알고 있니?

무슨 일을 하는 사람일까? 물론 방송국의 조명을 다루는 사람이지.

가끔 TV를 통해 방송 스튜디오를 보면 천장에 무수히 많은 전구들이 달려 있을 거야. 번호가 써져 있거나 알록달록 색깔이 있는 전구를 본 적 있니?

그것이 바로 방송 조명인데, 컴컴한 스튜디오 안을 환하게 밝혀 주고 또 프로그램의 분위기를 만드는 데 큰 역할을 하지.

너희가 좋아하는 쇼 오락 프로그램의 무대 조명은 번쩍번쩍 화려하지? 그 빛으로 인해서 가수들의 의상이나 춤이 더욱 돋보이는 거란다.

그래서 조명 감독은 단순히 빛을 밝히는 역할뿐 아니라 무대의 분위기를 만들어 주는 역할도 하게 돼.

특히 출연자들의 외모에도 큰 영향을 주는 사람이 조명 감독이야.

한 유명 연기자가 고백하기를, 유명해지기 전에 가장 슬펐던 때는 인기 있는 배우가 나올 때는 조명을 많이 비춰 주고 인기 없는 자신이 나올 때는 조명이 약해서 얼굴이 예쁘지 않게 나왔을 때였다고 하더라고.

왜 화면발, 조명발이라는 말도 있잖아. 출연자를 빛으로 메이크업 해 줘서 돋보이게 하는 일도 조명 감독이 하는 중요한 역할이지. 그런 면에서 보면 빛으로 예술을 하는 직업이 바로 조명 감독이야.

빛의 마술사 조명 감독이 되려면 어떤 준비가 필요할까?

조명은 그 쓰임새에 따라 종류가 여러 가지야. 밤에 쓰는 조명이 따로 있고 낮에 쓰는 조명이 따로 있고, 천장에 매달아 쓰는 조명과 가지고 다니면서 쓰는 조명 등 그 종류도 다양하고 크기와 무게도 각자 다 다르지.

조명 감독은 이런 무거운 조명 기구나 전기선을 들고 다니며 설치를 해야 하기 때문에 강인한 체력이 필요해. 이 또한 기계를 다루는 일이기 때문에 기계를 잘 다루는 능력은 물론이고 말이야.

또, 원하는 빛의 색깔이나 효과를 내기 위해서 연구와 노력도 해야 하니까 미술적인 감각도 필요하다고 할 수 있지.

조명 감독도 참 두루두루 갖춰야 할 것이 많지?

낮에도 빛나는 별,
연예인이 되고 싶니?

연예인을 꿈꾸는 친구들에게

낮에도 반짝반짝 빛나는 별을 본 적 있니?

바로 낮에도 반짝반짝 빛나는 스타, 연예인을 말하는 거야.

왜 연예인을 별, 스타라고 부르는 걸까? 별처럼 빛을 내는 화려한 직업이라서?

하지만 스타라는 말의 유래는 하늘의 별과는 직접적인 관계가 없대. 먼 옛날 유럽의 극장에서 연기하는 배우들의 이름 앞에 별 모양을 그려 넣었는데 그것이 미국에 전해지면서 연예인이나 유명인들을 스타라고 불렀고 우리도 그렇게 부르게 된 것이라 하더군.

이 책을 읽는 친구들 중에도 상당수가 한 번쯤은 연예인이 되고 싶다는 꿈을 꿔 봤을 거야.

적극적인 성격이라면 주위 사람들에게 스타가 되고 싶다는 꿈을 알리고 공개적으로 준비를 할 것이고, 소극적인 성격이라면 남몰래 그 꿈을 키워 가고 있겠지.

'너같이 내성적인 아이가 어떻게…….' 또는 '네 외모로 어떻게…….' 라는 말을 들을까 봐 겁이 나기도 하고 말이야.

하지만 미리 겁부터 먹을 필요는 없어. 자유로운 꿈을 꿀 수 있어 행복한 나이가 바로 너희 나이니까.

수십만, 수백만, 수천만의 사람들 앞에서 끼를 발산하는 연예인들 성격이 어떨 것 같니? 무조건 적극적이고 낯선 사람과도 말을 잘하는 활발한 성격일 것 같지?

하지만 실제 연예인들의 대다수는 내성적이고 낯가림도 심하고 소극적인 경우가 많아. 일이라고 생각하고 열심히 하니까 소극적인 성격을 이겨 낼 뿐이지. 스타가 되고 싶은데 성격이 내성적이라 고민이라면 그런 고민 따위는 훌훌 털어 버려.

그리고 아무리 거울을 봐도 연예인이 되기에는 부족한 외모를 가졌다고 망설이니? 자, TV를 보자. 사람들의 사랑을 받는 연예인들이 다 잘생기고 예쁜 외모를 가졌을까? 아니지. 사람마다 매력은 각기 다른 거야.

외모가 매력적인 스타도 있을 것이고 목소리가 매력적인 스타도 있고 행동이 바람직해서 사랑받는 스타도 있잖아.

너의 외모가 뛰어나지 않더라도 스타의 꿈을 버리지 않는다면 충분히 가능성은 있다고 생각해.

자, 내 말을 듣고 자신이 조금 생겼니? 그럼, 이제부터 궁금했던 스타의 꿈을 향해 하나하나 계단을 밟아 올라가 볼까?

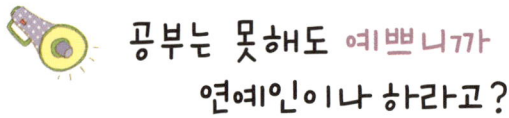# 공부는 못해도 예쁘니까 연예인이나 하라고?

　예전 어른들은 이런 말씀을 하셨대. 공부는 못하는데 외모가 뛰어난 아이들을 보면, 일찌감치 공부는 그만두고 예쁜 외모로 연예인이나 하라고.
　이 말은 연예인을 무시하는 말처럼 들리지 않니?
　너희 '딴따라'라는 말 들어봤니? 딴따라는 연예인을 낮춰서 부르는 말인데 영어의 의성어인 'tantara'에서 온 것이라고 해. 나팔 소리를 뜻하는 용어라는데 서양 악기의 의성어가 우리말로 정착하면서 딴따라가 되었고 그것이 연예인들을 가리키는 말이 된 것이지.
　우리나라도 예전에 연예인과 비슷했던 유랑 극단이나 서커스단이 공연을 오면 나팔을 "딴따라단~" 불면서 거리 홍보를 했다는데 우리가 쓰는 딴따라는 어원이 무엇이건 간에 이 나팔 소리에서 온 말이 아닌가 싶어.
　느닷없이 왜 딴따라 얘기냐고? 다 이유가 있어. 옛날엔 연예인이나 다를 바 없었던 유랑 극단의 배우나 서커스단의 단원, 남사당 패들이 사람들에게 즐거움을 주는 직업이긴 했지만 또 한편으로는 천대받고 무시를 당하던 직업이었거든.

그런 이유로 옛날 어른들은 연예인을 '딴따라'라고 무시하며 자식이나 손자가 연예인이 된다고 하면 집안에 딴따라가 나오게 생겼다며 결사반대를 했지.

하지만 요즘은 어떠니? 연예인은 고소득에 각광받는 직업이 되었지? 공부 못하고 얼굴만 예쁘다고 연예인이나 되라는 말만큼 시대에 뒤떨어지는 말이 또 있을까?

요즘 연예인들 중에서는 공부를 많이 해서 좋은 학교를 나온 사람들도 있고 연기나 노래가 아닌 다른 분야에서도 인정받는 전문가들도 많아. 연예인이면서 사진작가나 운동선수, 디자이너, 화가 등 여러 분야에서 뛰어난 재능을 펼치는 스타들을 흔히 볼 수 있으니 이젠 연예인을 결코 딴따라라고 무시할 수 없지.

그럼, 스타가 되려면 어떤 과정을 밟아야 할까?

전엔 연예 기획사 사람이나 방송 PD들이 직접 캐스팅해서 연예인이 되는 경우가 많았어. 그것을 길거리 캐스팅이라고 하는데 말 그대로 길을 지나가다가 연예 관계자의 눈에 띄어서 운 좋게 스타가 될 기회를 갖게 되는 거야.

하지만 요즘은 이런 길거리 캐스팅을 이용해서 나쁜 짓을 하려는 어른들이 많아져서 그런 위험성 때문에 길거리 캐스팅은 많이

사라졌다고 봐. 누가 너희의 꿈을 알고 연예인을 시켜 줄 테니 연락하라고 명함을 준다면 꼭 부모님께 알려야 해.

어린 나이에 연예인이 될 준비를 한다면 부모님의 허락과 협조가 반드시 필요해. 널리 알려진 기획사가 아닌 곳에서 오디션을 한다고 할 때도 꼭 부모님과 함께 가서 사전에 위험한 일을 막아야 한다는 것, 절대 잊지 마.

연예계는 너희가 생각하는 것만큼 화려하고 아름다운 곳만은 아니기에 어른인 나는 너희에게 잔소리 같은 이야기를 먼저 하게 되는구나. 미안해.

나도 한류 스타 아이돌 가수가 되고 싶어

　내가 너희 나이였을 때만 해도 '한류 스타'라는 말은 없었어. 오히려 외국 가수들에게 열광하는 사람들이 더 많았지.

　요 근래에 들어서 우리나라의 스타들이 해외에서 많은 인기를 얻고 아시아뿐 아니라 미국, 유럽에서도 엄청난 팬을 거느리게 되면서 '한류 열풍'이 거세지고 있어.

　전 세계 네티즌들이 함께 보는 유튜브 같은 사이트의 동영상을 통해 한국 스타들의 노래와 춤이 퍼지고 먼 외국의 친구들이 한국 노래와 춤을 따라하는 동영상도 흔하게 볼 수 있잖아. 그 중심에는 한국의 아이돌 스타들이 있어.

　그럼 왜 우리나라의 아이돌 가수들이 세계의 젊은이들에게 사랑받는 것일까? 그 이유는 그들이 비록 나이는 어리지만, 오랜 연습생 생활을 거친 준비된 스타들이기 때문이라고 생각해.

　너희도 아이돌 가수를 꿈꾸니? 그렇다면 얼마나 준비가 되었니?

타고난 춤과 노래 실력을 이야기하는 것이 아니야. 꿈을 위해서 얼마나 노력할 수 있는가 하는 마음의 준비를 묻는 거야. 아이돌 스타들은 주로 기획사의 연습생 시절을 거쳐서 만들어지지. 너희만 한 나이 또는 더 어린 나이부터 기획사에 연습생으로 들어가서 매일매일 혹독한 연습을 해. 그 연습은 언제가 끝이라고 정해지지도 않아서 당장 내일이 될지 아니면 오 년, 십 년 뒤가 될지, 그것도 아니면 영원히 끝나지 않을지 아무도 장담하지 못해.

그렇다고 연습생이 되는 것도 쉬운 일은 아니야. 상상을 초월하는 경쟁률을 뚫고 뽑혀야만 연습생 생활이 시작되는 것이지.

아이돌을 키우는 커다란 기획사들에서는 매주 오디션이 열리는데 1차는 전화로 접수를 하고 합격자에 한해서 2차 오디션을 보게 된대.

그 오디션에도 수많은 지원자들이 몰려드는데, 그 속에서 살아남기 위해서는 가능성을 보여 주는 것이 가장 중요하다고 해. 당장 무대에 내놓아도 손색없을 만큼의 노래 실력과 춤 실력을 가졌다면 좋겠지만 오디션을 보는 너희는 모두 아마추어니까 본인만이 가진 매력을 보여 주는 것이 좋겠어.

실제로 어떤 친구는 걸 그룹을 뽑는 오디션에서 초등학생 신분에 맞게 동요를 불렀대. 다른 친구들은 어른들의 노래와 춤을 따라 하는데 혼자 동요를 부르다니…… 용기가 대단하지? 그 친구는 어떻게 됐을까?

지금 최고의 사랑을 받고 있는 걸 그룹의 멤버가 되어 있단다.

꼭 오디션에서 동요를 부르라는 이야기가 아니라, 나의 매력을 보여줄 수 있는 수단으로 오디션을 이용하라는 거야.

노래를 부를 때는 음정과 박자는 정확하게, 발음도 명확하게, 감수성은 풍부하게. 아이돌 가수가 되고 싶다면 그 정도는 기본으로 알고 있겠지?

그렇다면 아나운서의 꿈을 가진 친구들이 연습하듯이 자신의 노래를 직접 녹음해서 들어 보고 잘못된 곳을 찾아내 고치면서 연습을 해 봐. 노래 실력이 차츰차츰 느는 것을 느낄 거야.

이 책을 읽는 친구들 중에서도 멋진 아이돌 스타가 나오길 진심으로 바랄게.

영화배우는 내 운명

스타를 꿈꾸는 친구들 중에는 영화나 드라마 속 배우가 되고 싶은 친구들도 있지?

그럼 "왜 배우가 되려고 하니?"라는 질문을 받는다면 어떻게 이야기할래?

가장 흔한 교과서 같은 대답은 "다른 사람의 인생을 대신 살 수 있으니까요."가 아닐까? 혹시 너희도 그렇게 대답하려고 준비한 건 아니겠지? 내 인생 살기도 바쁜데 머리 아프고 피곤하게 왜 남의 인생을 대신 살겠어. 이렇게 대답하기보다 "배우는 내 운명이니까요."라고 시원하게 대답하는 것이 더 멋지지 않을까?

가수도 그렇지만 배우는 정말 타고난 재능이 필요한 직업이야.

눈물 한 방울로 수백만의 관객을 울리는 건 타고난 재능이 없이는 불가능한 일 같지 않니? 하지만 실망하지 마. 과연 운명적으로 재능을 타고난 연기 천재가 몇이나 될 것 같니? 타고난 재능을 뛰어넘는 연습으로도 훌륭한 배우가 될 수 있어.

연기 연습뿐 아니라 배우는 관찰력이 뛰어나야 해.

훌륭한 배우는 대본에 나온 인물을 실제 살아 움직이는 매력적인 인물로 만들 줄 알지. 관객을 웃고 울릴 수 있는 캐릭터를 만들려면 내가 맡은 인물에 대한 끊임없는 연구가 필요해.

연기 잘하는 배우들을 보면, 자신이 연기하는 인물의 모델이 실제 주위에 있는 경우도 많아. 그만큼 주위 사람들을 잘 관찰하고 특징을 살펴서 내 것으로 만드는 능력이 있다는 이야기야.

너희도 지금부터 우리 선생님은 말씀하실 때 어떤 버릇이 있고 친구들 하나하나 어떤 특징이 있는지 관찰해 보렴.

버릇과 성격을 연결해서 관찰하는 것도 좋아. 소심한 친구는 이야기를 하다가 말꼬리를 흐리는 버릇이 있다거나, 화통한 성격의 친구는 유난히 웃음소리가 큰데 웃으면서 마구 박수를 친다든가……. 이런 버릇이 성격을 보여 주는 경우가 많거든.

이런 특징들을 잘 잡아 낼 수 있다면 나중에 좋은 배우가 될 가능성이 충분해. 또, 배우의 다른 말인 탤런트가 재능이나 재주 있는 사람을 뜻하는 말인 것처럼 배우는 많은 재능을 가지고 있을수록 유리하단다.

무용, 음악, 미술, 운동 등 다양하고 많은 것을 배워 두면 배우가 되는 데 멋지게 쓰일 재산이 될 거야.

그리고 너희가 잊으면 안 되는 한 가지가 있어. 배우에게 가장 중요한 것은 사람들을 사랑하는 따뜻한 마음이야. 그것을 어려운 말로 '진정성'이라고 하는데, 진정성이 없는 연기는 관객이 가장 먼저 알고 외면하거든. 요즘 '발연기'라는 말을 우스갯소리처럼 자주 쓰지? 진정성이 없는 연기는 곧 발연기 취급을 받게 돼.

진정성을 갖춘 훌륭한 배우가 되려면 지금부터 좋은 품성과 넓은 마음을 기르는 노력이 필요할 거야.

> "연예인이 되고 싶어요!"
> 나는 하늘이 내린
> 예비 연예인일까?

평소에는 소극적인 성격이지만,
남들 앞에 나서야 할 땐 대담해진다. (O / X)

주위 사람들로부터 노래, 춤, 연기 등을 인정받은 적 있다. (O / X)

외모나 성격 등의 이유로
주위에 나를 따르는 친구들이 많다. (O / X)

가만히 있어도 항상 주목받는 일이 생긴다. (O / X)

사람들의 시선을 받을 때 행복하다. (O / X)

매사에 자신감이 넘치는 성격이다. (O / X)

남들의 이야기에 크게 상처받지 않는 대범한 면이 있다. (O / X)

어떤 목표를 정하면 절대 포기하지 않고
이루어 내는 편이다. (O / X)

-*-*-*-*-*-*-*-

위의 항목에 모두 해당된다면 연예인이 될 자질이 충분하네.
축하해!
해당되지 않는 항목이 있다면 노력! 또 노력!

 ## 연예인은 정말 돈을 많이 벌까?

예능 프로그램을 보면서 사람들이 자주 하는 말이 있지.

"연예인들은 좋겠네. 좋은 곳에 가서 맛있는 음식 먹고 재미있는 게임을 하면서 돈도 많이 벌 수 있으니까!"

그래? 너희도 부럽니?

혹시 이런 이유로 연예인이 되고 싶은 거야?

큰일이네. 그렇다면 정말 큰 오해를 하고 있는 거야. 이 말은 너희 아버지께 "아빠 좋겠네. 좋은 건물에서 좋은 차를 타고 출근하는데 월급도 주니까."라고 말하는 것과 비슷해. 아버지는 회사 건물이 좋고 차가 좋아서 일하는 게 하나도 힘이 안 들고 항상 행복하실까?

연예인도 마찬가지야. 예능 프로도 일이니까 좋은 경치도 맛있는 음식도 일을 하기 위한 도구일 뿐이지 마음 편하게 즐길 수 있는 것은 아니거든. 오히려 빵빵 터지는 웃음 뒤에는 그 웃음보다 커다란 스트레스가 숨어 있단다.

'내가 한 이야기가 재미없으면 어쩌나…….' 하는 스트레스에 밤잠을 못 자기도 하고, 사람들에게 항상 주목받는 현실에 자유로운 생활을 하기도 어렵기 때문에 스트레스를 많이 받는 직업이기도 해.

때론 사실이 아닌 소문에 시달리기도 하고 오해를 받아도 선뜻 아니라고 말을 못하는 경우도 있으니 참 억울하겠지? 생각해 봐. 너희가 아무 잘못도 안했는데 친구들이 욕을 하고 다닌다면 얼마나 속상하겠어? 연예인은 그런 일을 수없이 겪을 수 있기 때문에 누구보다도 참을성이 필요한 직업이기도 하단다.

그리고 연예인은 돈을 얼마나 많이 벌까?

물론 우리가 상상하는 것보다 더 많은 돈을 버는 연예인들도 있지. 그런데 그런 연예인들은 아주 일부라는 것도 알고 있니? 일반 회사원들만큼 돈을 버는 연예인들과 생활하기 어려울 정도로 돈을 못 벌어서 가난한 연예인들도 많다는 게 믿겨지지 않을 거야.

연예인들은 인기가 떨어지면 불러 주는 곳이 없어지고 그렇게 되면 돈을 못 벌게 돼. 연예인이라고 해서 다들 돈을 많이 버는 부자는 아니야.

너희에게 연예인의 꿈을 버리라고 이런 이야기를 하는 것은 결코 아니야. 연예인에 대한 막연한 오해를 버리고 꿈을 선택하라는 뜻에서 하는 이야기지. 난 너희가 꾸는 연예인의 꿈이 결코 허황된 것은 아니라고 봐.

때론 노력만 해야 하는 연습생으로 끝나는 경우도 있고 무명 배우의 설움을 맛보게 될 수도 있지만 포기하지 않고 꿈을 키워 간다면 언젠가는 행운이 찾아올 거야. 스타가 되려면 행운도 따라 줘야 하니까.

천재는 99퍼센트의 노력과 1퍼센트 영감으로 이루어진다면 스타는 99퍼센트의 노력과 1퍼센트의 행운으로 이루어지는 것이 아닐까? 이런 피나는 노력을 할 각오가 되어 있다면, 스타가 되는 계단을 너희는 이미 하나 둘 셋 오르고 있어. 그 발걸음에 늘 행운이 따르길 바랄게.

카메라 뒤,
요런 것이 궁금해요!

카메라 뒷이야기가 궁금한 친구들에게

TV를 보면서 "어? 저런 장면은 어떻게 촬영했지?" 하는 궁금증이 생길 때가 있니? 드라마에 나온 연예인이 입은 옷이라든가, 먹는 음식이 궁금할 수도 있을 테고, 많은 양의 대본을 외우는 출연자들의 비법 같은 것도 궁금할 거야. 화면에서 볼 수 없는 카메라 뒤의 궁금했던 이야기, 살짝 알려 줄까?

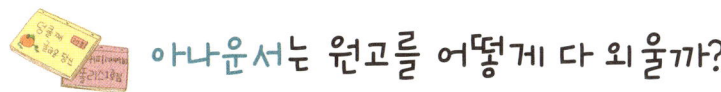 **아나운서는 원고를 어떻게 다 외울까?**

뉴스를 보면 아나운서, 즉 앵커들이 뉴스가 적힌 여러 장의 원고를 들고 있지. 하지만 원고만 보고 말을 하진 않잖아. 원고를 보는 시간보다 화면을 보는 시간이 긴 것 보면 혹시 그 많은 원고를 다 외운 걸까?

그렇다면 모든 앵커들은 암기왕?!

앵커는 뉴스 진행뿐 아니라 직접 원고를 쓰기도 해. 이 원고를 가지고 뉴스를 진행하는데, 앵커가 손에 든 원고 말고도 카메라 옆에는 프롬프터라는 것이 있어. 이것이 앵커를 암기왕으로 보이게 하는 비밀 병기라고 할 수 있지.

카메라 옆에 앵커가 보고 있어도 특별히 어색하지 않을 자리에 화면이 있고 그 화면으로 원고를 보여 주는 거야.

이 프롬프터는 꼭 뉴스만이 아니라 음악 프로그램이나 쇼, 오락 프로그램에도 많이 사용해. 예전에 방송국에 처음 들어와서 막

내 작가로 일할 시절에는 이 프롬프터를 사람 손으로 대신했단다. 커다란 전지에 두꺼운 매직으로 멀리서도 보일 수 있게 한 글자 한 글자 썼어. 카메라 옆에 들고 서 있으면 MC들이 보고 읽을 수 있게 말이야.

요즘은 다 컴퓨터 시스템으로 하니까 그만큼 방송 환경이 나아진 거겠지?

그렇다면 너희가 일할 미래의 방송국은 더욱 편리하고 좋은 환경이지 않을까?

 연예인은 옷값이 정말 많이 들까?

매일 똑같은 옷을 입고 방송에 나오는 연예인을 본 적이 있니?

아마 없을 거야. 연예인들은 최신 유행하는 옷들을 척척 갈아입고 나오지? 연예인을 하려면 정말 옷값도 어마어마하겠다. 그렇지?

사실 연예인들이 입고 나오는 옷의 대부분은 빌려 입는 거야. 어떤 의류 회사에서 신제품이 나왔다 하면 인기 연예인들에게 빌려 주거든. 왜냐? 연예인들이 입어 주면 그 옷이 유행하게 되고 많은 사람들이 그 옷을 사게 되니까.

이것을 협찬이라고 하는데, 주로 연예인들의 의상을 담당하는 코디네이터들이 부지런히 돌아다녀서 의상을 협찬 받아 오지.

어떤 옷을 가장 먼저 협찬 받아서 연예인에게 입히느냐가 코디네이터에게는 능력이 되는 거야. 또 인기 있는 연예인일수록 옷을 협찬해 주겠다는 회사가 많겠지? 인기 연예인이 자신의 회사 옷을 입으면 그만큼 더 잘 팔릴 테니까 말이야.

방송 사이에 광고는 왜 나올까?

재미있는 프로그램일수록 왜 광고가 많아서 시청자들을 지루하게 할까? 그 이유는 인기 프로그램일수록 광고가 많이 붙기 때문이야.

방송 사이사이에는 꼭 광고가 나오지. 현재 KBS 1TV를 제외하고는 모든 TV에서 광고 방송을 하는데 그 광고에서 프로그램을 만드는 돈, 즉 제작비를 뽑아내는 거야. 그러니까 인기가 높고 제작비가 많이 필요한 프로그램일수록 광고가 많이 붙어서 광고 시간이 길 수밖에.

시청률이 많이 나오는 프로그램의 사이에 광고가 나온다면 더 많은 사람들이 그 광고를 볼 수 있잖아. 그게 바로 광고 효과지.

어때? 이제 궁금증이 좀 풀렸니? 엄마가 광고가 길다고 투덜거리시면 멋지게 한마디 해 봐. 시청률이 높은 방송일수록 광고가 많이 붙는 거라고.

 드라마에 나오는 음식, 먹어도 될까?

드라마를 보면 가족들이 밥상에 둘러앉아 음식을 먹기도 하고 사극에서는 임금님이 수라상을 받는 모습도 나오잖아? 그 상 위에 차려진 음식을 정말 먹어도 될까?

방송국에는 방송에 나오는 음식들을 만드는 조리실이라는 곳이 있어. 이곳에서 조리사들이 대본에 나오는 대로 음식을 만드는데, 예전에는 모두 미리 만들어 놓아서 먼지가 앉거나 식고 굳어 버려서 먹기가 나빴다고 해. 하지만 요즘은 촬영 시간에 맞춰서 음식이 바로 만들어지고 데워지기 때문에 충분히 먹을 수 있대. 또 맛도 있고 말이야.

또 예능 프로그램에서 퀴즈를 맞히면 주는 식품이나 자잘한 생활용품들, 그것도 진짜 주는지 궁금해 하는 친구들도 있지?

물론, 진짜 주는 게 맞아. 물건을 획득한 당사자가 사양만 하지 않으면 말이야. 실제 연예인들이 저런 소박한 물건들을 좋아할까 싶지만 연예인들이 의외로 더 알뜰해서 아주 기쁘게 가져가기도 한대.

8장
우리 집 TV 안에 있는 놀라운 세상

TV 속 세상이 궁금한 친구들에게

너희의 할아버지, 할머니가 너희만큼 어렸을 때는 말이야, TV가 너무 귀해서 한 마을에 한 집 정도만 TV를 가지고 있었대.

그 집은 당연히 동네에서 가장 부잣집이었겠지? 그래서 인기 있는 드라마를 하는 날이면 온 동네 사람들이 TV가 있는 집에 모여서 극장에서 영화를 보듯 단체로 TV를 봤대.

지금은 3D TV가 나와서 3D 안경을 쓰고 보면 TV 속 사물들이 실감나게 화면 밖으로 튀어나오지만 그땐 조그만 흑백 TV가 전부였어. 물론 방송 프로그램도 지금처럼 다양하지 않았고 방송을 하는 시간도 정해져 있었지.

그때 집집마다 있었던 TV는 네 개의 다리가 달리고 삐죽 안테나까지 달려 있는 브라운관 TV인데, 신기한 건 왜 그랬는지 화면 앞에 문이 달려서 TV를 안 볼 때는 가구처럼 닫아 놓게 되어 있었어.

그래서 부잣집 친구가 아이들을 모아 놓고 TV를 보여 주다가 괜히 심술이 나면 요 문을 닫아서 못 보게 했대. 참 얄미웠겠지?

그러면 그날 집에 가서 괜히 부모님한테 TV 사 달라고 울면서 조르는 친구들도 많았을 거야. 까짓것 TV 하나씩 사면 되는데 뭘 그러느냐고?

한국 최초의 TV는 금성(현재의 LG)이 개발한 'VD-191'이라는 모델인데 이 19인치 TV의 가격은 6만 3천 원이었대. 얼마 안 한다고? 그렇지 않아. 그 당시 쌀 한가마가 2,500원이었으니 쌀 25가마를 살 수 있는 엄청난 돈이었어. 현재 쌀 한 가마니가 20만 원이라고 치면, 그 당시 사람들은 500만 원 정도에 TV 한 대를 장만한 거나 마찬가지야.

그때 500만 원의 가치는 집 한 채를 사고도 남을 만한 금액이었다고 해. 그래서 TV가 더 동경의 대상이 된 것 같아. 모두가 잘살지 못했던 그 시절, TV 속에는 없는 것이 없었거든.

맛있는 음식, 좋은 옷, 근사한 집, 멋진 사람들이 가득한 TV 속 세상이 얼마나 근사해 보였겠니? 세월이 흐른 지금 우리 집 TV 속에는 그 전보다 더 화려하고 찬란한 것들이 있지? 하지만 예전처럼 TV 안에 다른 세상이 있다고 생각하는 사람들은 없을 거야.

요 신기한 TV에 대해서 더 알고 싶지 않니? 장차 방송국에서 일하는 꿈을 가진 친구들이 알아 두면 좋은 이야기들을 해 줄게.

프로그램은 어떻게 만들어질까?

PD가 연출하고 작가가 대본을 쓰면 아나운서가 출연해서 카메라맨이 촬영한다, 지금껏 알아본 방송 프로그램을 만드는 과정은 이렇지?

방송 프로그램이 만들어지는 과정이 이게 다일까?

방송국에는 생각보다 많은 직업의 사람들이 있어. 우선 PD와 작가들이 모여 회의를 해서 방송 프로그램을 기획하고 작가와 PD가 함께 섭외를 하지. 프로그램에 가장 중요한 MC 후보를 여러 명 선정해서 그중에 시간과 생각이 맞는 연예인이나 아나운서를 섭외하고 그 외의 출연자들을 섭외해.

섭외는 방송 프로그램이 녹화나 촬영되는 날짜와 시간에 맞추어 그 장소로 와서 함께 하겠다는 중요한 약속이야. 수많은 출연자들 중 한 명이라도 약속된 시간에 나오지 않으면 프로그램이 만들어지기 어렵단다.

이렇게 섭외가 끝나면 작가는 출연자들의 역할을 정해서 대본을 작성해. 그리고 무대 디자이너가 프로그램을 녹화할 때 배경이 되는 무대를 만들고 (세트라고도 해.) 소품 팀에서는 필요한 소품을 준비하지.

자, 이렇게 녹화 준비가 끝났어. 텅 비었던 스튜디오에는 프로그램 녹화를 위한 화려한 무대가 세워지고, 조명 팀이 무대를 밝히면 분장 팀에게 의상과 분장을 받은 출연자들이 오디오 팀이 달아 주는 방송에 필요한 마이크를 달고 나와 대본에 따라 녹화를 하지.

이것을 카메라 감독이 촬영하고, 스튜디오 위에는 녹화를 조정하는 부조정실이라는 중요한 방이 있는데 그곳에서 PD가 녹화를 지휘해.

녹화를 마치면 PD는 가장 재미있었던 화면을 찾아 작가와 편집 회의라는 것을 해. 이때 편집할 방향을 찾아서 PD가 녹화된 테이프들을 편집해서 잘라 붙이지.

녹화 테이프의 케이스를 탁 뜯은 뒤, 둘둘 말린 테이프를 꺼내서 잘 드는 큰 가위로 싹둑싹둑 자른 다음에 투명 테이프를 이용해서 정성스레 붙이는 거야. 왠지 아닌 것 같다고? 하하하~! 맞아. 편집에서 잘라 붙인다는 것은 그런 의미가 아니야.

편집을 하는 기계를 이용해서 가장 재미있는 화면들만 모아서 연결하는 것이 바로 편집이야. 이때 많게는 수백 개의 촬영 테이프가 딱 한 회 방송 분량인 한 개의 테이프로 만들어지지.

　이렇게 완성된 편집 화면에 필요한 음향과 목소리를 녹음하고 PD가 자막을 뽑아내면 CG실이라는 컴퓨터 그래픽을 담당하는 방에서 최종으로 화면을 완성시켜.

　이것을 방송 용어로 종합 편집이라고 부르지. 종합 편집이 끝나야 드디어 방송 프로그램을 다 만들었다고 할 수 있어.

　와~! 우리가 TV를 통해 너무 쉽게만 봐 왔던 프로그램이 정말 복잡하게 많은 사람들의 손을 거쳐서 만들어지고 있지? 인기 있는 예능 프로그램은 스태프만 100명이라고 하잖아. 그만큼 많은 사람들의 피땀으로 만들어진 결과물이 우리가 집에서 편안하게 보고 즐기는 바로 그 방송이란다.

ON AIR 프로그램이 우리 집 TV로 오기까지

그럼 종합 편집을 마치고 완성된 프로그램이 어떻게 우리 집으로 오는 걸까?

아주 간단해. 완성된 테이프를 방송국에 있는 큰 TV에다가 틀면 우리 집 TV에도 텔레파시가 찌릿 통하듯 똑같이 나오게 되는 거야.

프로그램이 완성되면 그 프로그램을 방송하기에 가장 좋은 시간을 정해. 이것을 편성이라고 하는데, 너희 학교에서 시간표를 짜듯이 방송 시간표를 짜는 거지.

편성이 되면 정해진 시간에 방송국의 심장 같은 주조정실이라는 방에서 기술자들이 완성된 테이프를 기계에 넣고 틀지. 그러면 이 화면이 주조정실에서 위성이나 송신기로 보내지면서 각 가정에서 방송을 볼 수 있게 되는 거야. 이 과정을 송출이라고 해.

그렇다면 요즘처럼 방송이 거의 쉬지 않고 돌아가는 때 주조정실은 어떨까? 당연히 주조정실도 쉬지 않고 일을 하겠지?

주조정실에서 실수를 해서 1초라도 다른 화면이 나가거나, 아무것도 없는 화면이 방송되면 심각한 방송 사고가 되거든.

실제로 1999년 MBC에서는 엄청난 사건이 있었어.

어떤 종교의 신자들이 〈PD수첩〉이라는 프로그램에 자신들의 종교 이야기를 방송에 내보내지 말라며 몰려와서 방송국을 점령하고, 심지어 주조정실로 쳐들어가서 기계를 부수면서 방송 송출을 방해한 거야. 주조정실이 공격당한 황당한 사건이지.

어떻게 되었겠니? 방송 신호를 받는 남산 송신소에서 재빨리 동물 다큐멘터리 테이프를 송출했대. 이미 〈PD수첩〉에 대한 예고 방송이 나갔으니 시청자들은 무척 황당했겠지?

우리가 약속된 시간에 보고 싶은 프로그램을 볼 수 있는 것은 주조정실이 정상적으로 돌아가고 있기 때문이야.

ON AIR 음식도 꺼내 먹고 아이돌과 악수도 하는
미래의 TV

옛날 사람들이 간혹 TV 안에 작은 세상이 있다고 믿었다면 현재 너희는 TV 안에 뭐가 있다고 생각하니?

당연히 여러 가지 전자 부품이 들어 있겠지.

그럼 미래의 TV는 어떤 모습일지 상상해 본 적 있니?

어린 동생들이 좋아하는 프로그램 중에 〈꼬꼬마 텔레토비〉라고 알지? 텔레토비의 두루뭉술한 배에 TV가 달렸잖아.

혹시 미래의 TV는 이런 모습이 아닐까? 아니면 손바닥에 쏙 들어갈 만큼 작고 종이만큼 얇아서 접었다 펼칠 수 있는 TV가 나올까? 혹은 영화에서처럼 홀로그램으로 되어 있어서 빈 공간에서 입체적으로 볼 수 있는 TV도 나오지 않을까?

과학 기술이 발전하면서 TV의 모양은 얼마든지 변할 수 있겠지. 그런데 나는 어렸을 적에 이런 상상을 했어.

배고플 때 TV에서 음식이 나오면 리모컨으로 정지 버튼을 누르는 거야. 그리고 그 음식을 꺼내 먹는 거지. 또, TV에서 내가 좋아하는 가수가 나오면 정지 버튼을 누르고 악수도 하는 거야.

정말로 이런 TV가 나오면 얼마나 좋을까? 그러다가 공포 영화처럼 TV에서 머리카락을 풀어 헤친 귀신이 엉금엉금 기어 나온다면 좀 곤란하겠지만 말이야.

방송국에서 일하고 싶다는 꿈을 가지고 이 책을 펼친 너희가 생각하는 미래의 TV는 어떤 모습일까? 한번 상상해 보자. 재미있겠지?

그리고 여기 빈칸에다가 적어 보는 거야. 너의 꿈이 PD이든, 작가이든, 아나운서이든, 카메라 감독이든 간에 이런 상상을 하고 글로 표현하는 연습은 정말 중요해.

혹시 아니? 미래에 네가 방송인이 되어서 이 책을 다시 펼쳐 들었을 때 여기 적어 두었던 너의 상상이 현실이 되어 있을지 말이야.

내가 생각하는 미래의 TV는 어떤 모습일까? 상상력을 마음껏 펼쳐 보세요.

ON AIR 방송인의 꿈, 결코 어렵지 않아

너희가 꿈꾸는 방송인이 어떤 일을 하고, 방송인이 되려면 지금부터 어떤 준비를 해야 하는지 살펴보고 방송에 대해 궁금했던 이야기도 해 봤어.

이제 방송국에서 일하는 꿈이 한 발짝 더 다가온 것처럼 느껴지니?

나는 어릴 때부터 연예인 이름을 기가 막히게 잘 외웠대. 우리 엄마 말씀대로라면 드라마 제목, 드라마에 출연하는 연예인들의 이름, 심지어 극중 주인공들의 이름까지 술술 꿰고 있어서 '저 애가 커서 뭐가 될까?' 했는데 바로 방송 작가가 되었지.

내 친구 작가는 어느 날 무심코 TV를 보다가 프로그램이 끝난 뒤에 나오는 자막에서 자신과 이름이 똑같은 작가를 발견하고는 '아! 나도 저렇게 이름을 올리는 작가가 되고 싶다.'라는 생각이 들어서 방송 작가가 됐대. 방송 작가가 되고 나서 자신과 이름이 똑같은 바로 그 선배 작가를 만나기도 했고 말이야.

또 남들 앞에 서서 발표하는 것을 유독 잘하는 어린이는 나중에 아나운서가 되기도 하고, 앞장서서 사람들을 지휘하길 좋아하는 똘똘한 어린이는 어른이 되어 PD가 되기도 하지.

이렇게 누구나 사소한 동기로 방송국에서 일하는 꿈을 가지게 되는 경우도 많아. 처음부터 '방송국에서 매주 시청률 1위를 차지하는 예능 프로그램의 PD가 되겠다.'라는 구체적인 꿈을 가진 어린이는 아마 별로 없을 거야.

단, 방송국에서 일하고 싶다는 막연한 생각만 가지고 있다면, 내가 무엇에 관심이 있고 무엇을 잘하는지 판단해 보자.

방송국에는 너의 재능을 발휘할 만한 다양하고 멋진 직업들이 가득하니까 좋아하는 것, 잘하는 것에서부터 직업을 찾아보는 것도 좋을 것 같아.

방송인의 꿈, 결코 어렵지 않단다.

ON AIR TV, 이젠 당당하게 보자

아직도 TV를 숨어서 보고, 엄마 아빠가 안 계시는 틈을 타서 고양이 생선 훔치듯이 살금살금 야금야금 보고 있니?

알아. 몰래 보는 TV가 더 재미있는걸.

그래도 미래에 방송국에서 일하겠다는 꿈을 가진 어린이라면, 좀 더 당당해질 필요가 있지 않을까?

고개 바짝 들고, 어깨 쫙 펴고, 이렇게 외쳐 봐.

"방송국에서 일하려면 TV도 봐 줘야 한다고요!"

어때? 부모님 반응이 어떠니? 뭐? 괜히 내가 시킨 대로 했다가 혼만 더 났다고? 아이고 미안해라. 들어가서 공부나 하라고 하시니?

그래. 나 때문에 혼이 났다면 사과할게. 하지만 더 안타까운 사실은 너희 부모님이 하신 말씀이 맞아. 방송인이 되고 싶으면 먼저 공부를 해야 해. 방송국 안 어떤 직업이든 공부와 담을 쌓아 두고 이룰 수 있는 직업은 없거든.

만약 너희가 천재 영화감독 스티븐 스필버그는 정상적인 교육을 하나도 받지 못했지만 세계적인 영화감독이 되지 않았냐고 따진다면 난 이렇게 대답하겠어. 영화감독은 시험을 봐서 뽑진 않는다고!

방송국 안 대부분의 직업이 경쟁률이 엄청난 어려운 시험을 치러야 하기 때문에 평소에 실력을 쌓지 않으면 통과하기 힘들어.

넌 공부와 담을 어느 정도 높이 쌓았니? 먼저 그 높은 담을 좀 허물고 공부와 친해지도록 해 보자.

공부라는 게 생각만 해도 재미없고 지겨운 것일지도 모르지만 미래에 이룰 너의 꿈을 위한 투자라고 생각하면 조금은 즐거워질 수 있지 않을까?

또 노력하는 모습을 보여 드리면 부모님 마음이 움직여서 TV도 당당하게 볼 수 있을 거야.

📺 효자가 방송도 잘 만든다

"뭐? 효자가 방송을 잘 만든다고? 조금 전엔 공부를 열심히 하라고 하더니 이젠 효자가 돼라? 우리 엄마가 원하는 이야기만 하고 있네. 웃겨!"

너희 방금 이렇게 생각했지? 음하하하~!

내가 너희 마음을 꿰뚫어 보는 능력이 있다는 걸 말 안 해 줬던가?

효자가 방송을 잘 만든다는 건 사실이야.

무슨 이야기인가 하면, 방송이라는 것은 지극히 정상적이고 모범적인 사고방식을 가진 사람이 만들어야 하기 때문이란다.

내가 매주 놓치지 않고 보는 프로그램은 우리 반 친구들도 다 즐겨 보는 프로그램인 경우가 많지?

그만큼 TV는 빠른 시간에 많은 사람에게 전달되는 수단이라 정확하고 올바른 사실을 방송해야 하고 어느 곳에도 치우침 없는 객관적인 입장을 유지해야 해. 이것이 '방송 윤리'라는 거야.

아이디어는 톡톡 튀어도 기본적인 사고방식은 평범해야 하는 것이 방송인이야.

여기서 말하는 효자는 모범적인 사고를 가진 사람을 대표하는 말이고. 실제로 부모님께 잘하는 효자들이 다른 사람들에게도 잘해서 인간관계도 좋고 프로그램도 잘 만들긴 해.

방송은 창조적인 일이므로 남들이 하지 못하는 독특한 아이디어와 남다른 감각이 매우 중요해. 그렇다고 사고방식까지 독특하고 남다르다면 온 국민이 만족하는 방송을 만들 수 있을까? 차라리 평범한 것만 못할 것 같아.

방송국에서 일하고 싶은데 너무 소극적인 성격에 평범하다고 좌절하지 마. 방송인의 가장 중요한 기본 자격이 방송 윤리를 거스르지 않는 평범함이거든.

TV를 좋아하고 방송국에서 일하고 싶은 꿈을 가진 너! 이제 꿈을 이룰 마음의 준비가 됐니?

그리 멀지 않은 미래에 TV를 통해 PD가 되고 방송 작가가 되고 아나운서가 되고 카메라 감독이 된 너희의 모습을 만날 수 있을까?

그때까지 이 책을 간직하고 있다면 다시 한 번 펼쳐 보고 네가 원했던 미래의 TV는 어떤 모습이었는지 확인해 보는 것도 좋지 않을까?

그러면 꿈을 이뤄낸 장한 어른인 너의 미래가 더 행복해질 수 있을 거야.

"애들아! 우리 방송국에서 만나자."

꿈을 이루기 위한 지도

먼 훗날 방송국에서 일하려면 어떤 노력이 필요할까요?
각 단계별로 각각의 목표와 구체적인 계획을 써 보세요.

2단계

1단계